Die 7 Säulen des Selbstbewusstseins

Wie Sie sich auf Ihre Stärken konzentrieren, Ihre Selbstzweifel loswerden und alle Herausforderungen im Leben selbstsicher meistern
(inkl. Übungen und Workbook)

Haftung für externe Links

INHALT

Vorwort

„Sie allein bestimmen, ob Sie wertvoll oder wertlos sein wollen."

Gudrun Kropp

Unser eigenes Handeln sollte immer eine wichtige Grundlage haben - nämlich das Denken über uns selbst. Menschen, denen es gelingt, ihr Selbstwertgefühl so aufzubauen, dass ein harmonisches Gleichgewicht entsteht, kann es tatsächlich gelingen, das Privatleben und die angestrebte Karriere frei zu entwickeln. Um genau das zu erzielen, sind die sechs Säulen des Selbstwertgefühls von großer Bedeutung, denn sie helfen uns, zu erkennen, was wirklich für unser Leben wichtig ist.

- Bewusstes Leben
- Selbstannahme
- Eigenverantwortliches Leben
- Selbstsicheres Behaupten der eigenen Person
- Zielgerichtetes Leben
- Persönliche Integrität

Jeder Mensch hat das Ziel, ein glückliches Leben zu leben. Damit dies tatsächlich gelingen kann, ist es wichtig, dass bestimmte Bedingungen dafür erfüllt werden. Jeder Mensch hat andere Bedingungen, an welche er sein Glück knüpft. Neben zahlreichen Kapiteln, die reines Wissen über das Selbstwertgefühl vermitteln, möchten wir Ihnen mit diesem Buch auch hilfreiche Tipps sowie einfach anwendbare Übungen mit auf den Weg geben, wie Sie Ihr Selbstwertgefühl aufpolieren und als gestärkte Person durchs Leben gehen können. Zögern Sie nicht länger und schauen Sie selbst, was die nächsten Seiten zu bieten haben. Ich wünsche Ihnen viel Lesefreude und Erfolg beim Anwenden der Übungen.

„Deinen Selbstwert findest du nicht in den Meinungen der anderen."

S. Aitchison

Kapitel 1 Was ist Selbstwertgefühl?

Betrachtet man das Wort Selbstwertgefühl, stellt man fest, dass es aus drei Wörtern zusammengefügt ist. Selbst, also das Individuum, Wert, etwas, das Qualität hat und Gefühl, das, was das Individuum spürt, fühlt. Klingt ganz einfach, oder??

Aus psychologischer Sicht verbirgt sich hinter dem Wort allerdings noch eine ganze Menge mehr. Was das ist, möchte ich Ihnen anhand der folgenden Punkte erläutern.

1.1 DEFINITION

Hinter dem Begriff stecken **zweierlei Bedeutungen**:

1) Das Konzept des Selbstwertes - demzufolge gibt es eine Variable, mit welcher der Mensch auf mentaler Ebene Werte und Stärkegrade wahrnehmen kann, die unterschiedlich sind.

2) Das Gefühl - die Wahrnehmung, man hat ein Gefühl für etwas, in diesem Fall den eigenen Wert.

Es ergibt sich ein positives Selbstwertgefühl, wenn die Wahrnehmung stark ausgeprägt ist und ein negatives, wenn sie weniger stark ausgeprägt ist. Kurzum verstehen wir unter dem Selbstwert, wie man sich selbst bewertet.

1.2 JEDER MENSCH BRAUCHT SELBSTWERT – ABER WOFÜR IST DIESER WICHTIG?

Es ist natürlich so, dass ein Mensch auch mit einem geringen Selbstwert leben kann. Aber das muss niemand. Wer sich selbst liebt und sich selbst Wertschätzung entgegenbringen kann, dem stehen viele Vorteile offen.

Selbstwert bedeutet, dass man sich selbst kennt, sein eigenes Handeln,

Fühlen und Denken einschätzen kann und allem voran sein eigenes Leben selbstbewusst und in eigener Verantwortung steuern sowie gestalten kann. Der Vorteil ist, dass man so vollkommen nebenbei die eigene Gesundheit fördert und die Resilienz stärkt. So kommt man mit Stress viel besser zurecht. Der eigene Selbstwert ist also ein Schutzfaktor.

Mit anderen Worten können wir das Wort Selbstwert auch als das mentale Immunsystem eines Menschen beschreiben, welches vor schädlichen Einflüssen von außen schützt. In der Forschung sah man die positive Einstellung, die ein Mensch sich selbst gegenüber hat, als ein echtes Allround-Talent an.

Man präsentierte den Selbstwert als Garant für die menschliche Gesundheit, den Erfolg eines Individuums und für den gesellschaftlichen Status. Es gibt zwar keine Studien, welche das belegen können, aber Menschen, die ein hohes Selbstwertgefühl haben, verfügen auch über eine hohe Lebenszufriedenheit.

Ein niedriges Selbstwertgefühl hat hingegen negative Auswirkungen auf die psychische Gesundheit eines Menschen. Wer sich selbst nicht wertschätzen kann, gibt sich auch an Dingen die Schuld, die er oder sie gar nicht beeinflussen kann. Der Umgang mit den eigenen Grenzen ist wesentlich schlechter als bei Menschen mit hohem Selbstwertgefühl. Demnach erleben sich diese Menschen auch eher als minderwertig. Daraus kann durchaus ein wahrer Teufelskreis entstehen, aus dem man nur schwer wieder herauskommt. Depressionen oder andere psychische Belastungsstörungen lassen hier nicht lange auf sich warten.

Wer sein seelisches Immunsystem pflegt, sorgt dafür, dass er sich selbst schützt. Menschen mit hohem Selbstwert lassen sich nicht so schnell entmutigen und auch nicht so schnell von ihren Vorhaben abbringen, sie können für sich selbst einstehen und vor allem würden sie es nie zulassen, das andere ihnen einreden könnten, weniger wert zu sein.

Das soll aber nicht heißen, dass man gegen jedes Feedback immun sein muss. Vielmehr beschreibt es die Kompetenz, mit dem Feedback anderer wertschätzend und vor allem angemessen umgehen zu können und daraus zu lernen.

Die Basis für eine gute Widerstandskraft

Auf die Frage, ob ein hohes Selbstwertgefühl auch förderlich für die eigene Gesundheit sein kann, ist die Antwort ein klares JA! Wer gut mit sich selbst umgehen kann und dazu in der Lage ist, sich selbst positiv zu bewerten, hat bereits die Grundpfeiler für eine starke Resilienz geschaffen.

Auch in Krisen auf die eigenen Fähigkeiten zu vertrauen, bedeutet, dass man ein positives Bild von sich selbst hat. Demnach ist ein hoher Selbstwert ein Schutz vor Zweifeln, die einen Menschen sonst zerbrechen könnten. Wer sich selbst vertrauen kann, sieht Situationen auch nicht so schnell als eine Bedrohung an. Demzufolge ist er lange handlungsfähig.

Im Zusammenhang mit Optimismus, welcher eine Säule der Resilienz darstellt, steht eine positive Haltung sich selbst gegenüber. Herausforderungen werden eher angenommen und letztendlich auch überwunden. Man vertraut auf die eigenen Bewältigungsstrategien.

Ein Mensch, welcher ein niedriges Selbstwertgefühl hat, wird den Grund für eine Krise immer bei sich selbst sehen und somit keine Lösung finden können, sondern stets in einer Art Problemtrance verharren.

Hat ein Mensch jedoch ein hohes Selbstwertgefühl, ist seine Widerstandskraft gestärkt und als geistiges Schutzschild gegen Stress und Krisen aktiv.

Als Experte auf dem Gebiet „Selbstwertgefühl" wird der amerikanische Psychologe Dr. Nathaniel Branden gesehen. Dieser benennt die „6 Säulen des Selbstwertgefühls". Jede dieser Säulen steht nicht allein für sich selbst. Sie bilden eine gemeinsame Basis, um die Ausprägung des Selbstwertes zu stützen. Dabei ist es wichtig, dass die Balance unter den Säulen stimmig ist.

Das sind die sieben Säulen nach Dr. Nathaniel Branden:

1.3 DIE SIEBEN SÄULEN

1.3.1 Ein bewusstes Leben

Wenn wir von bewusstem Leben sprechen, ist immer die Rede davon, dass sich ein Mensch mit seinem eigenen Leben auseinandersetzt und sich darüber Gedanken macht, wo er in diesem Moment steht und welche Ziele er tatsächlich erreichen möchte. Wer bewusst leben möchte, verpflichtet sich dazu, dass er auf gar keinen Fall unbewusst leben will. Diese Verpflichtung geht man mit niemand Geringerem als sich selbst ein.

Tatsächlich ist es so, dass sehr viele Menschen eher als Schlafwandler durch ihr eigenes Leben gehen. Es bietet ihnen so viele Chancen, welche sie allerdings nicht wahrnehmen. Das bedeutet, dass sie ihr Leben eher unbewusst anstatt bewusst leben. Diese Personen brauchen dringend eine Aufklärung darüber, dass dies der Fall ist, aber um tatsächlich etwas in ihrem Leben verändern zu können, braucht es auch die Erkenntnis und das Verständnis dafür, dass man seinen Lebensweg bisher schlafwandelnd bestritten hat. Ist dies dann durchaus der Fall, so kann man das Ganze auch als „Erwachen " verstehen. Dieser Fortschritt wird genau wie die Evolution mit der Erweiterung des eigenen Bewusstseins gleichgesetzt.

Wir bezeichnen das Bewusstsein eines Menschen auch als höchstmögliche Ausdrucksform des eigenen Lebens. Ein Mensch, dessen Selbstwertgefühl also sehr hoch entwickelt ist, wird auch ein positives Leben führen.

Das Ganze möchte ich an einem Beispiel verdeutlichen: Stellen Sie sich einmal eine Pyramide vor. Dies ist ein großes, prachtvolles Gebäude, in denen die alten Ägypter ihre Pharaonen zu Grabe trugen und die noch heute ein Ziel vieler Touristen sind. Bevor dieses entstehen konnte, hatten die alten Ägypter erst einmal nur einen sandigen Boden vor Augen. Sie mussten also damit beginnen, die Pyramide aufzubauen. So ist es auch mit dem Selbstwertgefühl. Zunächst hat man nur das Fundament, doch wenn man daran arbeitet, kann man etwas Großes daraus machen. Das Fundament des Selbstwertgefühls kann demnach als erste Stufe betrachtet werden, von welcher aus man beginnt, das Selbstwertgefühl herauszubilden.

Die Ägypter haben mit dem Bau jeder einzelnen Ebene der Pyramide feststellen können, dass sich die Pyramide immer mehr zu etwas Größerem entwickelte. Betrachten wir nun unser Selbstwertgefühl auf den verschiedenen Ebenen einer Pyramide, so werden auch wir feststellen, dass jede Ebene eine weiterentwickelte Bewusstseinsform darstellt.

Merke: Das Vorstellungsvermögen eines Menschen kann sehr weitreichend sein. Die Bewusstheit eines Menschen kann sehr viel größer sein. Beides kann man mit zunehmender Reife gleichsetzen.

Aber warum ist denn das Bewusstsein für uns Menschen überhaupt so wichtig? Zunächst einmal kann ich Ihnen sagen, dass das Bewusstsein das Instrument für jede Spezies ist, damit diese auch tatsächlich überleben kann. Jeder, der diese Fähigkeit besitzt, kann sein eigenes Handeln danach ausrichten.

Mit anderen Worten lässt sich auch sagen, dass unser Bewusstsein ein Zustand ist, mit welchem man sich dem Aspekt der Wirklichkeit bewusst wird. Durch diese wichtige Fähigkeit kann sich der Mensch also die Dinge, die ihm im Leben begegnen, bewusst machen.

Die Spezies Mensch hat eine ganz besondere Form von Bewusstsein. Diese ermöglicht es uns, dass wir abstrakt und konzeptionell denken können. Kurzum gesagt, ist hier die Rede von unserem Verstand. Spricht man also von Bewusstsein, so spricht man auch immer wieder vom eigenen Willen. Wir alle stehen demnach immer wieder vor der Wahl, ob wir danach streben wollen oder nicht. Hinsichtlich der Wahrheit steht der Mensch ebenfalls vor der Wahl. Entweder man strebt diese an oder nicht. Ein Mensch kann sich also auf seinen eigenen Verstand konzentrieren oder es einfach bleiben lassen.

Die Option, ob Sie etwas geltend machen wollen oder ob Sie darauf verzichten, liegt immer in Ihrer eigenen Hand. Sie müssen sich jedoch ganz klar vor Augen halten, dass Ihr Wohlbefinden und das Überleben davon abhängig sind.

Uns Menschen ist demzufolge die Fähigkeit, uns selbst zu managen, gegeben. Hin und wieder stellt dies einen wahrhaften Glücksfall dar, doch manchmal wird dies aber auch zur Last. Bringen wir den Aktivitäten, welche wir ausführen, also kein ausreichendes und vor allem angemessenes Bewusstsein entgegen, so ist es Tatsache, dass nicht bewusst gelebt wird. Die Strafe dafür ist die geminderte Selbstachtung. Menschen, die nicht bewusst leben, sind nicht dazu in der Lage, dass sie sich kompetent fühlen und können zudem ihren eigenen Wert nicht schätzen.

Damit das Wohlbefinden und das Überleben eines Menschen gesichert sind, braucht dieser also ein grundlegendes Instrument. Das ist der menschliche

Verstand. Verrät man den eigenen Verstand, so fügt man auch seinem eigenen Selbstwertgefühl enormen Schaden zu. Wenn ein Mensch demnach Tatsachen, die ihm absolut nicht in den Sinn kommen, ausweicht, so begeht er bereits eine einfache Form von Verrat.

Hier ein **Beispiel** dafür: Susanne hat erkannt, dass ihre Chancen, befördert zu werden, sehr schlecht stehen und dennoch beharrt sie auf ihrem Standpunkt, dass sie bisher alle von sich überzeugen konnte, wenn sie sich so verhalten hat. Demnach wird es ihr auch gelingen, auf diese Art und Weise eine Beförderung zu erlangen.

Im Laufe des Lebens steht der Mensch vor vielen tausend Wahlen bezüglich des Denkens und des Nichtdenkens. Aus all diesen Wahlen ergibt sich ein Gefühl dafür, welche Person man tatsächlich ist. An diese Wahlen erinnert man sich auf der bewussten Ebene aber nur sehr selten. In unserer Psyche werden all diese jedoch verankert. Es sind all die Erfahrungen, die wir sammeln. Sie werden auch Selbstwertgefühl genannt.

Alle Menschen sind verschieden. Demnach ist auch das Maß an Selbstwertgefühl eines jeden Menschen unterschiedlich. Bewusstes Leben wird jedoch keinesfalls von der Intelligenz eines Menschen berührt. Bewusst zu leben bedeutet, dass man seinem Handeln gegenüber, seinen Absichten und Werten gegenüber sowie die eigenen Ziele betreffend eine Bewusstheit hat. Nach besten Kräften lässt sich jeder Mensch bezüglich seines Verhaltens leiten.

Fassen wir noch einmal zusammen, was ein bewusstes Leben heißt:

- Die eigenen Impulse zur Kenntnis nehmen
- Sich eigenen Impulsen stellen
- Gezielt wissen wollen, wo man selbst steht
- Im Hier und jetzt sein
- Wichtige Tatsachen gezielt angehen
- Bereitschaft, alte Annahmen zu überprüfen
- Die eigenen Fehler erkennen und korrigieren

- Ständig nach Bewusstseinserweiterung streben
- Nicht nur die äußere, sondern auch die innere Realität kennen wollen
- Eine Bewusstheit bezüglich Werten haben
- Feedback durch die Umwelt suchen, um sich neu anpassen zu können
- Zwischen Interpretation, Emotion sowie Tatsachen unterscheiden
- Gezielt reflektieren, ob die eigenen Handlungen mit den eigenen Absichten im Einklang sind
- Beharrlichkeit an den Tag legen, um Dinge verstehen zu wollen
- Für neues Wissen empfänglich sein
- Lernen von Entschlossenheit
- Die Welt um sich herum verstehen wollen

1.3.2 Selbstannahme

Betrachten wir den Namen der zweiten Säule, wissen wir bereits, was diese beinhalten wird. Sie möchte uns aufzeigen, wie wichtig es ist, dass man sich selbst mit all seinen Stärken und Schwächen, dem eigenen Körper und der Psyche, der Entwicklung und des Wissens so annimmt, wie man tatsächlich ist. Ein jeder Mensch hat positive Seiten. Aber so wie auch der Schatten zum Licht gehört, sind die negativen Seiten den positiven zugehörig. Dementsprechend hat ein Mensch positive als auch negative Seiten. Es ist äußerst wichtig, dass man beide Seiten auf gleiche Art und Weise akzeptiert.

Es liegt in der Natur eines jeden Menschen, dass er vorrangig die positiven Seiten sieht und die negativen auszublenden versucht. Tatsache ist jedoch, dass man sich nur weiterentwickeln kann, wenn man den negativen Elementen Beachtung schenkt. Ein Mensch, der nur positive Eigenschaften hat, kann sich schlecht weiterentwickeln, dieser wäre „perfekt". Ein Mensch, dem es ganz und gar nicht gelingen will, seine negativen Seiten zu sehen und diese anzunehmen, hat dementsprechend auch ein eher geringes Selbstwertgefühl.

Leider ist es so, dass die Selbstannahme und das Selbstwertgefühl sehr häufig miteinander verglichen werden, dabei sind es doch unterschiedliche Dinge. Ein Selbstwertgefühl ist etwas, das der Mensch erfährt. Die Selbstannahme hingegen wird aktiv gelebt.

Die Selbstannahme basiert auf einem Drei-Ebenen-Prinzip. Schauen wir uns diese drei Ebenen doch einmal genauer an:

Die erste Ebene

Ein Mensch, der sich selbst annimmt, steht auf der eigenen Seite. Nichts ist wichtiger, als den eigenen Wert zu schätzen und sich selbst gegenüber verpflichtet zu fühlen. Betrachtet man die Selbstannahme und das Selbstwertgefühl aus dieser Sicht, wird man feststellen, dass die Selbstannahme eher primitiver ist. Sie ist der natürliche Egoismus eines jeden Menschen. Wir alle haben bereits ab dem Tag unserer Geburt das Recht auf genau diesen Egoismus. Gleichermaßen sind wir alle dazu in der Lage, uns aus eigener Kraft über diesen Egoismus hinwegzusetzen.

Leider ist es eine traurige Tatsache, dass es immer wieder Menschen geben wird, bei denen es kaum einen Sinn ergibt, auf den Wachstum derer Persönlichkeit hinzuarbeiten. Der Grund dafür ist eine enorme Selbstablehnung. Die Persönlichkeit eines Menschen kann nur dann wachsen, wenn Probleme gelöst werden. Kleine Erfolge können ab und an erzielt werden, doch diese sind nicht dauerhaft. Diese können demzufolge auch nicht integriert werden und es stellen sich keine Fortschritte ein.

Wenn ein Mensch zu einem Psychotherapeuten geht, wird dieser immer wieder versuchen, dessen Sinn von Selbstannahme aus dem Tiefschlaf zu holen. Gelingt es dem Therapeuten tatsächlich, ist es durchaus möglich, dass dem Betroffenen Flügel wachsen. Es wächst der Wunsch heran, sich all den Dingen zu stellen, welchen sie sich auch in ihrem Inneren stellen müssen. Ein ganz wesentlicher Bestandteil dieser Aufgabe ist, nicht in Selbsthass zu verfallen, den Lebenswillen zu verlieren oder sich selbst als Person abzuwerten.

Für die Entwicklung des eigenen Selbstwertgefühls stellt die erste Ebene demnach eine wichtige Grundlage dar. Möglicherweise macht die Selbstannahme nur ein kleines Päuschen und erwacht schließlich wieder. Ist dies der Fall, wird sie für das Leben kämpfen, wenn man selbst sehr stark verzweifelt ist.

Die Selbstannahme befähigt einen Menschen dazu, um Hilfe zu bitten, wenn er sich in einer kritischen Situation befindet, hilft dabei, mit den eigenen Ängsten umgehen zu können oder sich bei Depressionen auf den Weg zu einem Psychotherapeuten zu machen.

Kennen Sie vielleicht eine Person, die sich jahrelang alles gefallen lassen hat und haben Sie vielleicht miterlebt, wie diese ganz plötzlich aufgestanden ist und endlich einmal laut und deutlich „Nein" sagte? Bei dieser ist die Selbstannahme förmlich erwacht. Die Selbstannahme kann man in dieser Hinsicht auch als Stimme unserer Lebenskraft sehen. Fehlt diese, heißt das erste Opfer immer: das Selbstwertgefühl.

Die zweite Ebene

Ohne die Bereitschaft, die Dinge real und ohne Leugnungen oder Ausflüchte wahrzunehmen, funktioniert die Selbstannahme ebenso wenig. Das, was der Mensch denkt, denkt er, was er fühlt, fühlt er und das, was er ist, ist er auch. Es wird von innerer Weigerung gesprochen, wenn ein Mensch nicht dazu in der Lage ist, sich so anzunehmen, wie er sich auf einem Foto oder gar im Spiegel sieht.

Demzufolge können Sie verinnerlichen, dass die Selbstannahme die Bereitschaft des Menschen ist, das eigene Sein in gewissen Situationen zu erfahren und sich davon nicht zu distanzieren. Ein Mensch, der sich selbst annimmt, besitzt die Fähigkeit, seine Gedanken zu denken, sich zu seinen Gefühlen, egal, wie diese ausfallen, zu bekennen und sich der Realität seines Verhaltens gegenwärtig gegenüberzusehen.

Dass die Emotionen dabei immer das letzte Wort haben, ist dafür jedoch keine Bedingung. Für besseres Verständnis sorgt folgendes Beispiel:

Tim hat absolut keine Lust, an diesem Tag das wichtige Firmenmeeting zu besuchen, und doch wird er diesen Termin wahrnehmen. Es besteht häufig die Möglichkeit, die eigenen negativen Gefühle loszulassen. Wichtig ist, dass man sich erst einmal auf genau diese einlässt und sie akzeptiert. Demzufolge ist die Bereitschaft, dass man die eigenen Emotionen und Verhaltensweisen auch annimmt, auch Selbstannahme.

Das Wort „akzeptieren“ bedeutet nicht nur, dass man die Dinge erkennt, sondern auch, dass man diese erfährt und sich mit der vorhandenen Realität befasst, damit man alles ins eigene Bewusstsein aufnehmen kann.

Die Selbstannahme stellt zudem auch eine überaus wichtige Grundvoraussetzung für das Wachstum der menschlichen Persönlichkeit sowie dessen Veränderung dar. Fehler sollte man machen und auch akzeptieren. Sie sind dazu da, dass man aus ihnen etwas für die Zukunft lernt. Wer die Fehler, die er selbst macht, nicht akzeptieren kann, wird nur sehr schwer bis gar nicht aus diesen lernen können.

Ein Mensch, der nicht erkennt, dass er ein unbewusstes Leben führt, wird auch nicht dazu fähig sein, ein bewusstes Leben zu leben. Akzeptieren bedeutet nicht, die Dinge zu mögen oder gutzuheißen, sondern die Dinge so zu nehmen, wie sie sind. Damit man Veränderung bewirken kann und sich weiterentwickelt, muss man an und mit diesen Fehlern arbeiten.

Die dritte Ebene

Wer sich selbst annehmen möchte, braucht auch die Idee des Mitgefühls. Nur weil man die Realität annimmt, heißt es längst nicht, dass man sich selbst leugnet oder nach Argumenten sucht, um das falsche Handeln in der Wirklichkeit als in Ordnung zu bestätigen. Tatsache ist, dass die nach Hintergründen, warum man so handelte, fragt. Hier begibt man sich auf die Suche nach Gründen, weshalb das Geschehene in dieser Situation als angemessen oder notwendig betrachtet wurde.

Die Erkenntnis, zu wissen, dass das Handeln falsch war, genügt längst nicht. Wer das Handeln tatsächlich verstehen will, muss die Abläufe sowie die Überlegungen der Person berücksichtigen.

Mit diesem Hintergrundwissen können auch jene Handlungen, welche sehr rabiat wirkten, als einleuchtend erscheinen. Es bedeutet jedoch keineswegs, dass es eine Rechtfertigung für diese Handlungsweisen gibt.

Ein Mensch ist dazu in der Lage, sein falsches Handeln entweder zu verurteilen oder dieses mitfühlend bezüglich der Motive zu hinterfragen. Auch wenn man etwas falsch gemacht hat, so ist man sich dennoch selbst ein Freund. Es bedeutet nicht, dass man sich aus seiner Verantwortung ziehen will. Tatsächlich ist es eher so, dass hier Verantwortung getragen wurde und eine viel tiefergehende Einsicht bezüglich der Hintergründe erlangt wurde. Man ist sozusagen sich selbst der beste Freund, welcher hinterfragt, was zu diesem Handeln geführt hat.

Ist die Reaktion eines Menschen auf eine Erfahrung sehr negativ, ist es durchaus möglich, dass die Selbstannahme unmöglich ist. Der Mensch fühlt sich dann überfordert. Dieser Bereich kann dann in dessen Selbstannahme nicht eingeschlossen werden.

Dem Menschen wird es aufgrund eines sehr starken Gefühls, einer durchaus belastenden Erinnerung oder auch durch aufwühlende Gedanken unmöglich sein, sich in Selbstannahme zu üben. Die eigene Kraft, dass man nicht überreagiert oder zu Blockierungen neigt, wird dabei übersteigert. Es kann hier nicht die Lösung sein, dass man versucht, dem Widerstand zu widerstehen. Wenn man demnach versucht, eine Blockade zu blockieren, erweist sich das als nicht sinnvoll. Es gilt, eine geschicktere Herangehensweise zu wählen und den Widerstand zu akzeptieren. Die Situation, in welcher man sich befindet, sollte unbedingt akzeptiert werden. Der Mensch muss das Hier und Jetzt ganzheitlich erfahren.

Dem Widerstand wird dabei auf sehr bewusster Ebene begegnet. Dieser wird sich in der Regel allmählich auflösen. Jenen Personen, denen es durchaus gelingt, zu akzeptieren, dass sie in einer Situation Wut und Zorn verspüren und sich weigern, genau dies zu akzeptieren, erleben hier ein seltsames Paradox. Der Widerstand wird allmählich zu brechen beginnen, auch wenn er noch so stark ist. Dieser wird sich zudem immer mehr verstärken, wenn man versucht, gegen ihn anzukämpfen.

Merke: Eine Blockade kann umso stärker bestehen, je mehr man versucht, gegen diese anzukämpfen.

Manche Personen können sich jedoch nicht mit der Idee der Selbstannahme anfreunden. Wir begegnen hier **zwei Trugschlüssen**:

- Es wird angenommen, dass man alles um einen herum als gut betrachten muss, wenn man akzeptiert, wer man selbst ist.

• Es besteht absolut kein Interesse daran, etwas zu verändern oder verbessern zu wollen, wenn man sich selbst so akzeptiert, wie man ist.

Bezüglich dieser Trugschlüsse stellt sich die Frage, woher ein Mensch die Motivation nehmen soll, wenn er nicht dazu in der Lage ist, sich selbst zu akzeptieren. Wie kann ein Mensch inspiriert werden, wenn er die Dinge, die gerade sind, versucht zu leugnen oder gar auszuklammern?

Sie sehen: Auch hier steht man wieder vor einem Paradox. Es ist kein Widerspruch, aber wenn ein Mensch das, was ist, annehmen kann, schafft er die Voraussetzung für Veränderung. Wenn er dies jedoch leugnet, bleibt er feststecken.

1.3.3 eigenverantwortliches Leben

Eigenverantwortlich zu leben bedeutet, dass die Verantwortung in sämtlichen Lebensbereichen bei einem selbst liegen. Wenn man also etwas falsch gemacht hat, muss man dafür auch selbst gerade stehen und kann die Schuld keinem anderen in die Schuhe schieben. Wichtig ist, dass man versteht, dass Hilfe suchen und annehmen sehr wohl möglich sind. Dabei ist es wichtig, dass das Zepter immer in der eigenen Hand verbleibt, da man die eigene Verantwortung sonst abtritt.

Zu einem glücklichen Leben und zur Lebenstüchtigkeit gehört vor allem das Gefühl, dass man das eigene Leben selbst kontrollieren kann. Dafür ist das Tragen von Verantwortung die wichtigste Voraussetzung überhaupt. Dazu zählt auch, dass man die Verantwortung dafür trägt, seine eigenen Ziele zu erreichen. Demnach hat jeder Mensch für sein Leben und sein Wohlergehen die Verantwortung.

Eine wesentliche Voraussetzung stellt die Selbstverantwortung für das Selbstwertgefühl dar. Das eigenverantwortliche Handeln ist demnach der Spiegel des menschlichen Selbstwertgefühls. Zwischen diesen und den sieben Säulen besteht eine Beziehung, welche wechselseitig ist. Kurzum: All das, was unser Selbstwertgefühl erzeugt, ist auch der Spiegel zur Außenwelt.

Damit man eigenverantwortlich leben kann, muss man sich die folgenden Dinge bewusst machen:

- Ich trage die Verantwortung für mein Verhalten anderen gegenüber
- Für meine zeitliche Planung bin ich verantwortlich
- Für die Erfüllung meiner Wünsche oder Träume bin ich selbst verantwortlich
- Ich trage die Verantwortung für meine Entscheidungen
- Die Verantwortung für die Werte, welche ich für mein Leben auswähle, trage ich
- Um mein Selbstwertgefühl erhöhen zu können, trage ich die Verantwortung
- Ich trage die Verantwortung für mein Handeln
- Die Verantwortung für das Maß an Bewusstheit, welches ich meiner Arbeit entgegenbringe, liegt bei mir
- Die Verantwortung für mein persönliches Glück liegt bei mir, ganz nach dem Motto: Jeder ist seines Glückes Schmied
- Die Verantwortung für das Maß an Bewusstheit, welches ich meinen Beziehungen entgegenbringe, liegt ebenfalls bei mir
- Für die Qualität meiner Botschaften trage ich ebenfalls die Verantwortung

Eigenverantwortliches Leben schließt aber nicht aus, dass man aufgrund eines Unglücks oder durch das Fehlverhalten anderer leidet. Für die Dinge, welche im Leben geschehen, ist auch niemand selbst verantwortlich. Manche Dinge lassen sich von uns Menschen selbst kontrollieren, andere wiederum nicht.

Eine traurige Tatsache ist, dass man hin und wieder sein Selbstwertgefühl aufs Spiel setzt, weil man sich für Dinge verantwortlich fühlt, für die man eigentlich keine Verantwortung trägt bzw. über welche man gar keine Kontrolle hat, und in diesen Situationen seinen Erwartungen nicht gerecht werden kann.

Ebenso ist es möglich, dass das eigene Selbstwertgefühl aufs Spiel gesetzt wird, wenn man sein eigenes Handeln leugnet, obwohl dieses sehr wohl im eigenen **Kontrollvermögen** lag. Es ist daher äußerst wichtig, dass man lernt, zwischen den Bereichen zu unterscheiden:

1) Hierfür liegt die Verantwortung bei mir.

2) Hierfür trage ich keine Verantwortung.

Tatsache ist, dass man nur das eigene Bewusstsein kontrollieren kann.

Eigenverantwortlich können nur jene Menschen leben, welche sich produktive Ziele setzen. Ein gutes Beispiel dafür ist, dass jeder arbeiten geht, um sich seinen Lebensunterhalt zu verdienen. Wer seine Intelligenz nutzt, kann zu einem ganzheitlichen Menschen heranreifen. Diejenigen unter uns, die sich nie in ihrem Leben produktive Ziele setzen oder produktiv in irgendeiner Form tätig werden, laufen Gefahr, dass deren Verstand immer auf der kindlichen Ebene verharren wird.

Dem Menschen werden Grenzen durch örtliche und zeitliche Umstände gesetzt. Dennoch muss sich jeder fragen, was im Rahmen der eigenen Möglichkeiten steht und was man selbstständig tun kann. Durch die aktive Lebenseinstellung verleiht man auch seiner Eigenverantwortlichkeit mehr Ausdruck. Um tatsächlich aktiv leben zu können, ist das eigenständige Denken unabdingbar. Dies ist zugleich auch das Ergebnis von bewusstem und eigenverantwortlichem Leben/Handeln. Bewusst lebende Menschen leben nach dem eigenen Verstand und können sehr wohl für sich selbst denken. Es gibt keinen Menschen auf unserer Erde, der mit dem Verstand eines anderen Menschen denken kann. Natürlich ist es aber so, dass wir alle voneinander lernen können. Wenn die Rede von Wissen ist, wird damit immer vorausgesetzt, dass man die Dinge versteht. Hier reicht es nicht, das Vorgelebte nachzuahmen oder zu wiederholen. Wer etwas verinnerlichen und somit auch tatsächlich wissen möchte, muss die übermittelten Informationen verinnerlichen können.

Dies kann man wie folgt angehen: Entweder man bemüht sich tatsächlich darum, etwas zu verstehen oder aber man überlässt anderen Menschen das Denken und übernimmt schlicht und einfach nur deren Urteil, ohne dieses kritisch zu beäugen.

Demnach hat die Art und Weise, wie wir uns entscheiden, immer eine erhebliche Bedeutung dahingehend, wie wir uns selbst erleben und wie wir selbst tatsächlich leben. **Jeder Mensch wird zudem auch von anderen beeinflusst**. Oftmals bemerkt man diesen **Einfluss** zunächst nicht. Man muss allerdings auf

zwei Ebenen unterscheiden:

1) Personen, welche versuchen, die Dinge zu verstehen und für sich selbst zu denken sowie selbst beurteilen zu können.

2) Jene Personen, welche nur sehr selten auf diese Idee kommen.

Die entscheidende Absicht ist hier die grundsätzliche Zielstellung eines jeden Einzelnen. Gestärkt wird das Selbstwertgefühl durch das selbstständige Denken. Jeder sollte daher einmal über folgende Dinge nachdenken: über die eigene Arbeit, Beziehungen, in denen man sich befindet, die eigenen Werte sowie Ziele. Durch ein gesundes Selbstwertgefühl wird dementsprechend auch das selbstständige Denken gefördert.

Jeder Mensch, der eigenverantwortlich leben möchte, muss begreifen, dass sich niemand anderes auf den Weg macht, um unser Leben zu retten sowie dafür Sorge zu tragen, dass man von diesem Tag an glücklich leben kann. Nur wer die Dinge selbst in die Hand nimmt, kann auch für Veränderung sorgen.

1.3.4 Selbstbehauptung

Wenn davon die Rede ist, sich selbstsicher zu behaupten, bedeutet dies nicht automatisch, dass man andere dafür herunter macht. Vielmehr steht man hier für die eigenen Werte und Überzeugungen ein. Ganz entscheidend ist dabei, dass man anderen gegenüber Respekt vermittelt.

Wenn andere etwas sagen, ist es oft so, dass man selbst eher stumm bleibt. Das ist auch der Fall, wenn man ganz genau weiß, dass die Aussagen des anderen nicht stimmig sind. Wir Menschen fragen uns immer wieder, wie man bei anderen wohl ankommt, wenn man den Mund aufmacht, um etwas zu sagen. Wirklich selbstsichere Menschen können sich aber tatsächlich behaupten und scheuen sich nicht davor, auch autoritäre Personen wie beispielsweise den eigenen Chef auf dessen Fehler anzusprechen.

Schauen wir uns den Begriff Selbstbehauptung einmal genauer an. Es geht darum, dass man seine eigenen Bedürfnisse, Werte und Wünsche zum Ausdruck bringt und das auf eine angemessene Weise.

Das Gegenteil von Selbstbehauptung ist Schüchternheit. Manche Personen ziehen sich zurück und bleiben dauerhaft im Untergrund. Leider verstecken diese aber auch ihre Stärken sowie Kompetenzen. Der Grund dafür ist, dass es Personen gibt, welche allen möglichen Konfrontationen ausweichen wollen. Hier stellt sich die Frage, warum das so ist. Die Ursache für dieses Ausweichen ist, dass andere Personen eigene Meinungen und andere Werte vertreten können. Es kommt daher oftmals die Angst auf, dass man keine Argumente mehr findet, wenn man sich selbst behaupten muss. Hin und wieder legt man auch etwas Schüchternheit an den Tag, um anderen zu gefallen oder diese für die eigenen Zwecke zu manipulieren.

Keineswegs sind die Menschen, welche sich selbstsicher behaupten können, arrogant oder treten aggressiv auf. Wenn sie in einer Warteschlange stehen, drängen sich diese auch nicht nach vorne oder pochen auf ihre Rechte. Ein selbstsicherer Mensch tritt für sich selbst ein, gibt sich anderen gegenüber offen, zeigt sich so, wie er ist und erwartet von anderen, dass sie ihn respektvoll behandeln. Diese Menschen weigern sich ganz offensichtlich, den anderen etwas vorzumachen. Für sie zählt nicht, dass man sich mit allen Mitteln beliebt machen könnte. Selbstsichere Menschen sind authentisch, auch bei ihrem Handeln. Sie lassen sich von den inneren Gefühlen und eigenen Überzeugungen leiten.

Eine wichtige Voraussetzung für Selbstbehauptung ist, dass der jeweilige Rahmen beachtet wird. Welchen Rahmen man als angemessen betrachten kann, ist von der Situation abhängig. Wenn man diese Unterschiede respektiert, verliert man nicht automatisch seine Authentizität, sondern wird sich vielmehr an der Realität orientieren.

Hin und wieder kann die Selbstbehauptung auch bedeuten, dass man anderen Menschen Komplimente macht oder die eigenen Ideen einbringt. Die Selbstbehauptung kann aber auch ein höfliches Schweigen ausdrücken. Auf diese Art und Weise signalisiert man, dass man anderer Meinung ist.

Bei Gesprächen unter Kollegen ist es nicht notwendig und genauso unmöglich, dass man alle seine Gedanken vorbringt. Viel notwendiger ist es, selbst zu wissen, was man denkt und sich demzufolge auch selbst treu bleibt. Auf diese Art und Weise ist man sich selbst gegenüber authentisch.

Was der Mensch als angemessen betrachtet, ist immer abhängig von der Situation. Jeder Mensch kann immer zwischen authentisch/nicht authentisch, wirklich/unwirklich auswählen. Wer sich dieser Tatsache nicht stellt, der leugnet, dass er die Wahl hatte. Diese Personen geben dann vor, hilflos zu sein. Dennoch ist es so, dass diese vermeintliche Hilflosigkeit nichts an der Situation ändert, dass man die Wahl hatte.

Wir leben in einer individualistischen Kultur. Dementsprechend wird die Selbstbehauptung viel eher akzeptiert, als es in anderen Kulturen der Fall ist. Leider ist es nämlich so, dass der Mensch nicht in allen Kulturen einen gleich hohen Stellenwert hat. Gleichfalls schätzen nicht alle Kulturen den Ausdruck der eigenen Persönlichkeit. Bei uns ist es ebenfalls so, dass es bezüglich der Selbstbehauptung unterschiedliche Maßstäbe und vielseitige Sichten gibt. Für Frauen wird immer etwas anderes schicklich sein als für Männer. Auch heute werden viele Frauen noch dafür bestraft, wenn sie von ihrem Recht zur Selbstbehauptung Gebrauch machen. Auf die Tugend der Selbstbehauptung wird daher verzichtet, wenn wir diese selbst als erstrebenswert halten, uns anpassen und auch nicht aus der Reihe tanzen. Das Selbstwertgefühl eines Menschen kann auch als etwas Bedrohliches empfunden werden, wenn das, was den Menschen Sicherheit gibt, die Stammeszugehörigkeit ist (Familie, Gemeinde, dem Kollektiv oder auch dem Unternehmen).

Die Selbstbehauptung ist dahingehend auch ein Zeichen von Individuation. Wer diese noch nicht erreicht hat, befindet sich in dem sogenannten Zustand des Schreckgespensts der Isolation. Als Zusammenschluss von mehreren Individuen können wir eine gesunde Gesellschaft bezeichnen. Hier achten sich die Individuen selbst. Damit **Selbstverwirklichung** stattfinden kann, wird eine zweigleisige Entwicklung vorausgesetzt. Es ist die Rede von **zwei Ebenen**:

1) Die Ebene der Individuation

2) Die Ebene von Beziehungen

Die Autonomie steht demnach auf der einen Seite und auf der anderen die Fähigkeit zu Intimität und Verbundenheit.

Die Personen, welche ein mangelhaft entwickeltes Identitätsgefühl haben, werden sich immer wieder einreden, dass sie die Ablehnung regelrecht provozieren, wenn sie ihre eigene Persönlichkeit zum Ausdruck bringen. In diesem Fall sind sie wie gelähmt und zahlen dafür einen sehr hohen Preis: den Verlust von Selbstwertgefühl.

Diese weitverbreiteten Ängste werden von Psychologen gut verstanden, sie können aber auch als Zeichen von Unreife gesehen werden. Einen guten Psychologen erkennt man daran, dass er stets den Rat geben wird, mutig zu sein und zu zeigen, wer man ist.

Der Begriff Individuation und Aristoteles habe möglicherweise das gleiche Alter und das, obwohl Individuation eher sehr modern ist. Der Begriff bezeichnet das menschliche Streben nach Ganzheit. Und genau dieses Konzept ist es, welches an das aristotelische Konzept der Entelechie (Die Eigenschaft, ein Ziel in sich zu haben) erinnert. Der Drang, sich selbst zu verwirklichen, hängt dabei ganz eng mit dem künstlerischen und dem wissenschaftlichen Genie zusammen. Demnach wird nach den höchsten Ausdrucksformen gesucht.

1.3.5 Zielgerichtet leben

Was bedeutet es überhaupt, zielgerichtet zu leben? Jeder Mensch braucht eigene Ziele. Um sich diese zu setzen, muss er sich hin und wieder selbst beobachten und sein Handeln reflektieren. Auf diese Art und Weise kann er herausfinden, wo genau er gerade steht und welche Ziele er sich setzen kann, um weiterzukommen.

Wenn Sie jetzt vielleicht denken, dass zielgerichtet zu leben bedeutet, dass man Perfektion anstreben muss, kann ich Sie direkt beruhigen. Es geht darum, dass man sich überhaupt erst mal Ziele setzt und letztlich daran arbeitet, diese zu verfolgen. Das eigentliche Ziel ist daher der Weg, den man geht, um das gesetzte Ziel zu erreichen. Eine Voraussetzung dafür ist, dass der aktuelle Stand in allen Lebensbereichen so akzeptiert wird, wie er gerade ist.

Wer zielgerichtet lebt, nutzt all seine Fähigkeiten und Fertigkeiten, um die gesetzten Ziele auch tatsächlich erreichen zu können. Dabei sind die Ziele übrigens auch sehr unterschiedlich. Gleichermaßen beinhaltet das zielgerichtete Leben auch Produktivität, denn diese ist eine Voraussetzung für Lebenstüchtigkeit. Wer produktiv ist, sorgt für seinen eigenen Unterhalt. Daher sollte man sich immer Ziele setzen, auf welche man hinarbeiten und die man erreichen kann.

Eigenverantwortlich zu leben bedeutet, dass man die Last nicht auf andere ablädt und selbst für seinen Unterhalt sorgen kann. Die Fähigkeiten, welche einem gegeben sind, sind dabei tatsächlich nicht entscheidend, sondern viel mehr die Entscheidung, wie man diese nutzt. Es spielt auch die Art der Arbeit, welche man für sich gewählt hat, keine Rolle. Wichtiger ist, dass diese der eigenen Intelligenz entspricht.

Auch Menschen, die zielgerichtet leben, haben daher produktive Ziele, welche deren Eigenschaften entsprechen. An den Zielen, welche sich der Mensch setzt, zeigt sich zu dem auch deren Selbstkonzept. Es sind Entzifferungskünste nötig, dadurch, dass es individuelle Gegebenheiten gibt. Wer demnach in Erfahrung gebracht hat, welche Ziele sich der andere gesetzt hat, eignete sich auch jede Menge Wissen über das Selbstbild und der Visionen des anderen an.

Das Gefühl, dass man sich wirksam/kompetent fühlt, gehört demnach auch zum Selbstwertgefühl dazu. Schauen wir uns einmal an, was passiert, wenn man die eigene Kompetenz mit den spezifischen Kompetenzen bestimmter Gebiete zusammenbringt. Es wird ein grundlegendes Gefühl der Wirksamkeit aufgebaut. Dieses wird in Zusammenhang mit dem Erfüllen der bestimmten Aufgaben gebracht. Der Mensch lernt also, bestimmte Formen der Wirksamkeit zu beherrschen.

Durch spezifische Aufgaben, welche man selbst beherrscht, kann eine grundlegende Wirksamkeit entstehen. Dies gilt es auch zum Ausdruck zu bringen. Dass wir Kompetenzen und Effektivität im Leben entwickeln, wird nicht durch die Leistungen, sondern durch den Prozess bewirkt. Dies macht letztlich auch unseren Wert aus.

Auf abstrakter Ebene kann ein Mensch also nur dann wirksam sein, wenn er auch in einem bestimmten Bereich wirksam ist. Daher ist die Produktivität ein sehr wirksames Mittel, um Selbstwertgefühl aufzubauen.

Ziele müssen konkret sein, um sie tatsächlich verwirklichen zu können. Es ist uns nur so möglich, unser Verhalten dahingehend auszurichten. Wenn sich jemand das Ziel setzt, sein Bestes zu geben, ist dies eine eher vage Aufgabenstellung. Dies lässt sich an einem Beispiel wunderbar erläutern: Tina möchte gerne gesünder kochen. Sie wird dieses Ziel viel eher erreichen, wenn sie ihre Aufgabe wie folgt formuliert: „Ich beginne damit, immer montags, mittwochs und freitags gesunde Gerichte zu kochen.“ Wenn sie ihre Aufgabe so formuliert: Ich möchte zwei oder drei Mal in der Woche gesund kochen, wenn ich es schaffe, dann ist dies eine sehr vage formulierte Aufgabe.

Wenn auch Sie zielgerichtet leben möchten, sollten Sie sich die folgenden Fragen immer wieder vor Augen halten:

- Sagt mir das Feedback meines Umfeldes, dass ich scheitern werde oder vielleicht doch, dass ich erfolgreich sein werde?
- Was kann ich selbst versuchen, um mein Ziel zu erreichen?
- Müssen meine Ziele neu überdacht werden?
- Wie versuche ich, mein Ziel zu erreichen?
- Muss ich meine Praktiken verändern?
- Was macht dieses Mittel für mich so angemessen?
- Muss ich neue Informationen berücksichtigen?

Ein zielgerichtetes Leben bedeutet also auch, sehr bewusst zu leben. Das verdeutlicht ganz klar, dass die beiden Säulen sich wechselseitig bedingen.

Die Idee des zielgerichteten Lebens lässt sich für viele Menschen viel eher und einfacher im beruflichen Alltag umsetzen. Möglicherweise ist dies auch eine logische Erklärung dafür, dass viele Menschen auf beruflicher Ebene Erfolge erzielen und im privaten Bereich „zum Scheitern“ verurteilt sind.

Es dürfte jedem Menschen bewusst sein, dass es längst nicht ausreicht, wenn man sagt, dass man die eigene Arbeit liebt. Wenn man Erfolg erzielen möchte, muss man auch gewillt sein, dafür etwas zu tun. Menschen, die für ihren Erfolg nichts unternehmen, werden viel schneller untergehen als jene, die für ihren Erfolg alles Mögliche unternehmen.

Wenn wir das auf die Liebesbeziehungen beziehen, wird uns sehr schnell bewusst, dass es viele Menschen gibt, die tatsächlich annehmen, dass die Liebe ausreichend ist, um glücklich zu sein. Beschert die Liebe kein Glück, heißt das dann für einige, dass man mit dem jeweiligen Partner nicht zusammenpasst. Aber auch Liebe bedeutet tatsächlich, dass man an sich und der Liebe arbeiten muss, damit sie tatsächlich wachsen kann. Daher sollten viel mehr Menschen hinterfragen, was sie selbst für eine glückliche Beziehung tun können, wie sie Vertrauen aufbauen und Intimität schaffen können.

Wenn es in einer Partnerschaft Konflikte gibt und beide Partner sich psychologische Hilfe in Form einer Beziehungsberatung suchen, kann die Fachkraft immer fragen, was beide Parteien bereit zu tun sind, damit die Partnerschaft wieder besser und harmonischer verläuft. Dass beide Partner dazu bereit sind, ist hierfür die Grundvoraussetzung. Nur so kann eine Lösung gefunden werden. Diesbezüglich kann man auch danach fragen, was man sich vom Partner wünscht und was jeder beitragen kann. Ziele, die nicht an einen Aktionsplan gebunden sind, werden nicht verwirklicht, denn es besteht schließlich kein Grund, tatsächlich etwas zu tun. Dies sind zudem keine Ziele, sondern vielmehr enttäuschende Sehnsüchte. Sie können sich merken, dass ein Tagtraum nie zu einem Gefühl der Wirksamkeit führen wird.

1.3.5.1 Selbstdisziplin

Die Selbstdisziplin ist eine weitere wichtige Grundvoraussetzung, wenn man zielgerichtet leben möchte. Dieses Wort beschreibt die Fähigkeit, das eigene Verhalten so auszurichten, dass man den Aufgaben gerecht wird. Ein Mensch, dem diese Eigenschaft fehlt oder bei dem sie nur sehr wenig vorhanden ist, wird sich nicht kompetent im Umgang mit den Herausforderungen des Lebens fühlen. Zudem bezeichnet sie auch die Fähigkeit, auf unmittelbare Belohnungen zu verzichten, wenn man ein noch entferntes Ziel erreichen möchte. Man muss also die Konsequenzen für die eigene Zukunft absehen können. Es ist uns Menschen nur so möglich, auch tatsächlich langfristig zu denken und zu planen. Andernfalls würde man nur kurzsichtig leben.

Besitzt ein Mensch diese Fähigkeit nicht, wird er nicht effizient funktionieren können. Dies gilt auch für Unternehmen, denen es an Mitarbeitern mit dem richtigen Maß an Selbstdisziplin mangelt. Beide werden keine Spitzenerfolge erzielen.

Die Selbstdisziplin gilt als überlebenswichtige Tugend. Wenn auch Sie einen erfolgreichen Lebenslauf schaffen möchten, kommen Sie nicht um die Selbstdisziplin herum.

Als Eltern oder gar als Lehrer und Erzieher hat man die große Aufgabe, Kindern beizubringen, dass sie die Gegenwart akzeptieren und dabei die Zukunft nicht außer Acht lassen. Es gleicht einem wahren Akt der Balance, den es zu meistern gilt. Wenn dies gelingt, ist er dafür entscheidend, ob wir uns an dem Gefühl erfreuen können, dass wir das eigene Leben unter Kontrolle haben.

Wichtig ist, dass Sie verstehen, dass auch bei einem disziplinierten Leben genügend Zeit, Entspannung und Erholung auf dem Programm stehen. Es können zudem auch spontane Aktivitäten integriert werden. Diese können durch ein selbstdiszipliniertes Leben sogar sehr bewusst unternommen werden. Das vorübergehende Loslassen von Selbstdisziplin sowie Zielgerichtetheit dient auch dem eigenen Ziel. Ob dies bewusst oder gar unbewusst geschieht, ist dabei nicht ausschlaggebend. Wichtig ist, dass es dabei hilft, sich zu regenerieren.

Folgende Dinge gehören zu einem zielgerichteten Leben:

- Man achtet auf die Ergebnisse des eigenen Handels, damit man erkennt, ob dieses einen auch dahin führt, wo man wirklich hinmöchte
- Man hat eine bewusste Verantwortung für die eigene Zielformulierung
- Man beobachtet sein eigenes Verhalten, um herauszufinden, ob dieses im Einklang mit der Zielsetzung ist
- Man übernimmt bewusst Verantwortung für die eigenen Aktivitäten und Absichten
- Man ist stets darum bemüht, dass man erkennt, was im Einzelnen getan werden muss, damit die Ziele erreicht werden können

1.3.6 Persönliche Integrität

Jeder Mensch sollte persönliche Wertvorstellungen haben. Spricht man von Integrität, geht es darum, dass man diese auch lebt. Und wie das Leben nun einmal so ist, kommt es hin und wieder mit größeren Dingen um die Ecke, die uns verführen sollen. Daraus folgt, dass man die eigenen Werte sich selbst, aber auch anderen gegenüber verrät. Die sechste Säule hat ein ganz wichtiges Fundament, welches wie folgt lautet: Setzen Sie sich eigene Ziele, verfolgen Sie diese und vor allem - leben Sie diese. Vor allem muss hier eine gerade Linie aus Denken, Sagen und Machen zu erkennen sein.

Die Frage nach der persönlichen Integrität gewinnt zunehmend an Gewicht, wenn der Mensch reifer wird und seine Wertvorstellungen sowie Maßstäbe entwickelt. Integrität meint die Integration von Überzeugungen, Einstellungen, Maßstäben und dem Verhalten. Wenn unser Ideal, unser Handeln und unser Verhalten im Einklang sind, hat man tatsächlich Integrität.

Man kann erst nach Integrität fragen, wenn eine Voraussetzung erfüllt ist. Der Mensch braucht moralische Überzeugungen bzw. Verhaltensprinzipien. Wenn ein Mensch in dieser Hinsicht keine Maßstäbe hat, erreichte er auch die Entwicklungsstufe, auf welchem uns Scheinheiligkeit vorgeworfen werden kann, noch nicht. Im Zweifelsfall sind die Probleme des Menschen zu schwerwiegend, um mangelnde Integrität vorwerfen zu können.

Nur für diejenigen, bei welchen die Maßstäbe und Werte vertreten sind, stellt sich die Frage nach der Integrität tatsächlich. Das wiederum trifft auf die Mehrheit der Menschen zu. Ein Mensch, welcher sich so verhält, dass dies nicht zu seinem eigenen Urteil passt, wird immer sein Gesicht verlieren. Wenn diese Strategie zur Gewohnheit wird, schwindet auch das Vertrauen sich selbst gegenüber.

Die Selbstannahme ist eine sehr wichtige Voraussetzung, wenn man tatsächlich etwas in seinem Leben verändern möchte. Leider ist es dabei aber auch so, dass unser Selbstwertgefühl dabei Schaden nimmt. Jenen Menschen, denen es an Integrität mangelt, werden merken, dass deren Selbstwertgefühl verletzt wird. Für diese Wunden gibt es jedoch ein Heilmittel, welches den Namen **Integrität** trägt.

Demnach muss man sich folgende Fragen stellen:

- Kann ich fair mit anderen umgehen?
- Bin ich ehrlich?
- Kann ich meine Versprechen halten?

- Mache ich vielleicht das, was ich verabscheue?
- Bin ich zuverlässig?
- Mache ich das, was ich möglicherweise bewundere?
- Bin ich vertrauenswürdig?

Der Mensch wird immer wieder in verschiedene Konfliktsituationen geraten, bei welchen verschiedene Wertvorstellungen aufeinanderprallen können. Hier liegt die Lösung nicht auf der Hand. Die Integrität ist auch keine Garantie, um bestmögliche Entscheidungen treffen zu können. Sie hat lediglich die Aufgabe, dafür zu sorgen, dass man sich bemüht, selbst eine Lösung zu finden und zu gewährleisten, dass man authentisch bleibt.

Ganz große Bedeutung hat daher das Bewahren des eigenen Bewusstseins. Zudem ist es wichtig, das eigene Wissen einzubringen bzw. an unseren Verstand zu appellieren. Die Integrität verlangt von uns, dass wir die Konsequenzen übernehmen und nicht versuchen zu flüchten.

1.3.6.1 Integrität bedeutet auch Übereinstimmung

Die Überschrift erklärt bereits alles. Unser Verhalten und unsere Worte sollten daher auch tatsächlich miteinander übereinstimmen. Jeder hat Personen, welchen man vertraut, aber auch Personen, in welche man kein Vertrauen setzen kann oder will. Die Begründung ist, dass Worte und Verhalten übereinstimmen müssen, dies bei manchen aber ganz offensichtlich nicht der Fall ist. Unser Vertrauen schenken wir jenen Menschen, deren Worte und Verhalten übereinstimmen. Ist dies nicht der Fall, wird unser Misstrauen geweckt.

Viele Untersuchungen zeigen auf, dass das Personal den Vorgesetzten bzw. Menschen, die über ihnen stehen, misstrauen. Aber warum ist das so? Die Antwort lautet: Das Verhalten und die Worte stimmen nicht überein. Es werden hochtrabende Worte gewählt, doch diese stimmen mit der Praxis ganz und gar nicht überein. Finden Teamberatungen statt, so predigen die Vorgesetzten oftmals die Achtung untereinander, doch während des Arbeitsalltags wird diese mit den Füßen getreten.

Dennoch gibt es Männer und Frauen in vielen Unternehmen, die durch andere viel Vertrauen erfahren. Diese legen ein vertrauensvolles Verhalten an den Tag. Diese Menschen leben Ehrlichkeit und Integrität. Wenn sie versprechen, sich für andere einzusetzen, dann machen sie das auch.

1.3.6.2 Der Verrat an den eigenen Maßstäben

Schauen wir uns als Erstes an, was überhaupt mangelnde Integrität bedeutet. Denken Sie an einen moralischen Wert und jetzt stellen Sie sich vor, dass Ihr Handeln diesem ganz und gar nicht entspricht. Andere halten diesen Wert ziemlich hoch, Sie selbst jedoch nicht. Die Wahrscheinlichkeit, dass Sie richtig liegen, besteht, aber eben auch die Wahrscheinlichkeit, dass Sie falsch liegen. Und doch ist es so, dass es niemanden gibt, der Ihnen vorwerfen könnte, dass Sie Ihre eigenen Überzeugungen verraten hätten. Wenn es jedoch so ist, dass Sie zuwiderhandeln, obwohl Sie denken, dass etwas richtig sei, dann verraten Sie Ihre Maßstäbe sehr wohl. Ihr Handeln wird auf diese Art und Weise mit den vertretenen Werten kollidieren, wodurch Sie Ihren Verstand verraten.

Das Wort Scheinheiligkeit bedeutet, dass ein bestimmtes Interesse oder auch Freundlichkeit vorgetäuscht werden. So ist es auch mit unserem Verstand. Ein Mensch, welcher unter mangelnder Integrität leidet, läuft Gefahr, dass dessen Selbstwertgefühl sowie das Selbstverständnis untergraben oder gar verseucht werden. Äußere Ablehnungen und Zurückweisungen hinterlassen schon einen recht großen Schaden, aber die mangelnde Integrität noch einen viel größeren.

Hier gehen besonders die Eltern mit „gutem" Beispiel voran, die ihrem Kind predigen, dass die Ehrlichkeit das höchste Gut ist, aber selbst andere belügen. Hier besteht die Möglichkeit, dass der Mensch der eigenen Scheinheiligkeit versucht auszuweichen. Auch wenn die Erklärungen dafür noch so gut sind, die Tatsache, dass man seine Selbstachtung dabei angreift, wird immer bleiben.

Merke: Jeder Mensch ist selbst dazu in der Lage, sein Selbstwertgefühl zu steigern, gleichermaßen aber auch dazu, es zu vermindern.

Bei Menschen, die sich selbst sagen, dass sie sehr wohl wissen, dass sie Lügner sind, besteht eine Selbsttäuschung, welche wiederum sehr verhängnisvoll sein kann. Dies würde bedeuten, dass unser eigenes Urteil eher unwichtig ist und nur das von anderen Menschen zählt.

Hinsichtlich unseres Selbstwertgefühls sollte man jedoch einzig das eigene Urteil fürchten.

Stellen Sie sich doch einmal einen Gerichtssaal vor. Der Richter stellt das Ich-Zentrum Ihres Bewusstseins dar. Dieser sagt immer ganz klar und deutlich, dass einzig Ihr Urteil das fehlende Urteil ist. Dadurch, dass der Richter bereits die Wahrheit kennt, können Sie nicht entkommen.

Wenn im realen Leben jemand erfährt, dass man gelogen hat, so besteht die Möglichkeit, dass man sich vor dieser Person versteckt und sie meidet. Ein Mensch kann sich selbst jedoch nicht meiden.

1.3.6.3 Mit den Schuldgefühlen umgehen

Der Kern von jedem Schuldgefühl sind die moralischen Selbstvorwürfe. Es spielt dabei keine Rolle, ob es sich um ein kleines Schuldgefühl oder ein großes handelt. Obwohl sich einem eine andere Möglichkeit bot, hat man selbst falsch gehandelt.

Die Schuld hat demzufolge immer etwas mit Verantwortung, aber auch mit Wahl zu tun. Dabei wird kein Wert darauf gelegt, ob sich die Person dessen überhaupt bewusst ist. Aus diesem Grund sollte jeder Mensch wissen, was in seiner eigenen Macht steht und was eben nicht.

Der Fokus liegt hierbei darauf, was unsere Integrität stärkt oder bricht. Wer sich dessen nicht bewusst ist, läuft Gefahr, dass er sich Schuldgefühle auflädt, die vollkommen unnütz sind.

Hierfür ein Beispiel: Ein Mann stirbt bei einem Unfall. Seine Frau sagt sich immer wieder, sie hätte es irgendwie verhindern müssen, obwohl sie weiß, dass dieser Gedanke irrational ist. Somit hat sie ein Schuldgefühl, welches sie durch das Bedauern erst recht füttert. Sie kann zum Beispiel bedauern, dass sie ihrem Mann zu Lebzeiten keine Überraschungen machte oder dass sie zu wenig gemeinsam unternommen haben.

Wenn es einen sinnlosen Todesfall gab, weil ein anderer Autofahrer sehr leichtsinnig fuhr, kann auch der Überlebende von einem Gefühl befallen werden, welches sehr unerträglich ist. Immerhin verlor er die Kontrolle und war somit einem nicht fassbaren Ereignis ausgeliefert. Dieser Schmerz kann sehr überwältigend sein. Um diesen zu lindern sowie das Ohnmachtsgefühl zu verringern, könnte dieser Selbstanklage erheben. Er hat das Gefühl, dass der Unfall nicht geschehen wäre, wenn er dieses oder jenes nicht gemacht hätte.

Die Schuldgefühle können dem Wunsch auf die Art und Weise auch ihre Dienste erweisen. Diese schaffen dann Wirksamkeit und Illusionen. Und genau das Prinzip finden wir auch bei Kindern vor, welche sich die Schuld für Dinge geben, die ihre Eltern falsch gemacht haben. Ein sehr trauriges und gleichzeitig schlimmes Beispiel dafür ist, wenn sich ein Kind Vorwürfe macht, weil es in der Schule nicht so gut aufpasst und daher keine guten Noten erzielt. Dies sieht als Grund dafür an, wenn der Vater die Mutter schlägt. Es ist ganz der Meinung, dass dies nicht geschehen würde, wenn seine Noten besser wären.

Jeder Mensch sollte sich immer wieder die eigene Verantwortung vor Augen halten, denn nur so kann man sein Selbstwertgefühl schützen. Dinge, die nicht in unserer Macht stehen, gehören auch nicht zu unserem Verantwortungsbereich. Dies schließt wiederum ein, dass es keine Selbstvorwürfe geben wird. Es ist natürlich so, dass man manche Dinge sehr bedauert, aber das ist keine Schuldzuweisung.

1.3.6.4 Wenn die eigenen Werte eher irrational sind

Ganz offensichtlich besteht zwischen Integrität und Selbstwertgefühl ein Zusammenhang bei allen Menschen, die einen gesunden Menschenverstand besitzen. Daher ist es nicht immer einfach, die eigenen Maßstäbe dementsprechend auch zu leben. Hier kommt immer wieder die Frage auf, ob es denn nicht sein kann, dass unsere eigenen Maßstäbe irrational oder sogar falsch sind.

Denkbar ist, dass jeder Mensch viele Werte übernimmt und verinnerlicht, welche besonders den eigenen Bedürfnissen zuwiderlaufen. Beispielsweise verurteilen bestimmte Religionen die Sexualität, sogar der Körper oder materielle Erfolge sowie jede Freude am Leben können hier ein eher schlechtes Urteil erhalten.

Hier kommt natürlich die Frage auf, was mit Kindern geschieht, die in eine solche Religion hineingeboren werden. Welchen Maßstab werden diese wohl für ihre eigene Integrität entwickeln? Eine gewisse Scheinheiligkeit wird hier wahrscheinlich alles sein, was diese Kinder am Leben hält.

Menschen, die erkennen, dass die eigenen Maßstäbe regelrecht zu Selbstzerstörung führen, sollten diese ganz dringend hinterfragen. Wenn diese dann resignieren würden, wäre es auf alle Fälle der falsche Weg. Wem es tatsächlich gelingt, die eigenen innersten Annahmen zu hinterfragen und jene Dinge, welche uns gelehrt wurden, zu reflektieren, beweist man, dass man jede Menge Mut hat, denn das ist ein Schritt, den man nicht einfach so geht.

1.3.6.5 Wie kann ein Mensch seine Integrität in einer korrupten Welt bewahren?

Menschen, die in einer Welt aufwachsen dürfen, in der sie Verantwortung für ihr eigenes Handeln übernehmen dürfen, wird es viel leichter fallen, die eigene Integrität zu wahren. Anders ist es bei Menschen, welche dieses Privileg nicht haben. Wem das Prinzip der persönlichen Verantwortung fehlt, dem wird es viel schwerer fallen und sehr wahrscheinlich ist es auch, dass diese Menschen ihre Integrität nicht wahren können.

Wenn eine Kultur auf Verantwortlichkeit Wert legt, unterstützt diese auch die moralischen Bestrebungen der einzelnen Menschen. Den Bürgern eines Landes wird es leichter fallen, die Integrität zu wahren, wenn die Politiker oder auch die religiösen Anführer sich an die moralischen Maßstäbe halten.

Verhält sich eine Kultur jedoch korrupt oder gar zynisch, können die Bürger die Integrität nur sehr schlecht bis gar nicht wahren. Sie werden immer von einem Gefühl heimgesucht, welches ihnen vermittelt, dass die Forderung nach eigener Integrität eher unsinnig erscheint. Im Vorteil sind hier die Menschen, die außergewöhnlich selbstständig sind.

Wir alle stehen ganz besonders in der heutigen Zeit vor einer besonderen Aufgabe: Es gilt, die Integrität zu wahren und sich an die persönlich hohen Maßstäbe zu halten.

Personen des öffentlichen Lebens, Kunst und Medien, welche obendrein noch Gewalt verherrlichen, nähren dieses Gefühl ganz besonders stark. Demzufolge kann die Wahrung der eigenen Integrität fast schon zu einem waghalsigen Unterfangen werden.

Merke: Wenn die Quelle des Selbstwertgefühls tatsächlich die Integrität ist, ist das auch Ausdruck dieses Gefühls.

1.3.6.6 Das Prinzip der Wechselseitigkeit

An dieser Stelle möchte ich mit Ihnen eine wichtige Frage betrachten: Muss man sich bei allen sechs Säulen fragen, ob man nicht bereits über Selbstwertgefühl verfügen muss, um diese praktizieren zu können? Wie aber kann dies eine Grundlage für das Selbstwertgefühl sein?

Um darauf eine angemessene Antwort zu erhalten, ist es notwendig, dass wir uns das Prinzip der Wechselseitigkeit bezüglich Ursache und Wirkung anschauen.

Ausdruck für ein gutes Selbstwertgefühl sind Verhaltensweisen, welche ein gutes Selbstwertgefühl erzeugen. Das bewusste Leben also gleichzeitig Ursache und Wirkung, Selbstwirksamkeit sowie Selbstachtung. Dieses Prinzip gilt ebenfalls für Selbstannahme, Eigenverantwortlichkeit sowie andere Praktiken, die wir uns angeschaut haben.

Merke: Man kann seinem Verstand umso mehr vertrauen, desto bewusster man lebt. Zudem achtet man so auch seinen Wert.

Jene Menschen, denen das gelingt, werden ihr Leben bewusster gestalten können. Je integrer man lebt, desto besser ist auch das eigene Selbstbewusstsein.

Ein bemerkenswerter Aspekt der Dynamik wächst aus dem Praktizieren dieser Tugenden im Laufe der Zeit heran. Es wird demnach zur Gewohnheit, sich daran zu halten. Wer aus Gewohnheit sehr bewusst lebt, bei dem wird eine klare und umnebelte Bewusstheit bewirkt, durch welche man sich unwohl fühlt. Dabei entsteht das Bedürfnis, diesen Nebel zu vertreiben.

Abhängigkeit und Passivität werden von jenen als unerträglich empfunden, die eigenverantwortlich leben. Hierbei entsteht tief im Inneren der Person ein enormer Druck, dass er die Kontrolle selbst übernehmen möchte. Dies ist wiederum aber nur mit Autonomie möglich.

Unehrlichkeit wird von jenen Personen als quälend empfunden, die sich konsequent an den Maßstab der Integrität halten. Sie verspüren regelrechten Drang, die Unstimmigkeiten auszuräumen, um so den inneren, moralischen Frieden wieder herzustellen.

Wer diese Praktiken verstanden hat, besitzt nun selbst die Macht, sich für diese zu entscheiden. Dadurch wird auch die Macht des Selbstwertgefühls erhöht. Es spielt dabei keine Rolle, an welchem Punkt man anfängt und wie schwierig das Vorhaben überhaupt erscheint.

1.3.7 Liebe

Wie bereits mehrfach erwähnt, stehen hinter dem Wort Selbstwertgefühl die Bereitschaft und der Wille, dass man die sechs Säulen auch in der Praxis lebt. Das gilt besonders dann, wenn es nicht einfach ist. In Zweifelsfällen muss der Mensch dann seine Trägheit überwinden, gegen Ängste ankämpfen, sich den Schmerzen stellen oder akzeptieren, dass man vollkommen allein durch die Welt geht, wenn man seinem Urteil oder seiner Meinung treu bleibt, auch wenn wir uns dann selbst in die Opposition zu denen stellen, die wir eigentlich lieben.

Es spielt dabei keine Rolle, wie positiv unsere Umwelt ist. Eigenverantwortlichkeit, Rationalität und Integrität stellen keine Aspekte dar, welche sich automatisch ergeben. Hinter diesen Aspekten steht nämlich immer eine Leistung. Jedem Menschen steht es frei zu denken oder das Denken zu vermeiden. Genauso steht es uns auch frei, ob wir unser Bewusstsein erweitern oder einschränken wollen sowie, ob man sich an die Realität hält oder von dieser abweicht. Demnach sind alle sechs Säulen des Selbstwertgefühls immer eine Frage der eigenen Wahl.

Das Bemühen ist die Grundvoraussetzung für das bewusste Leben. Es geht hier um die Bewusstheit, welche erzeugt werden muss und welche es zu wahren gilt. Genau das ist Arbeit.

Das Selbstwertgefühl hat auch einen Feind, nämlich die Faulheit. In Büchern, wo es um Psychologie geht, werden Sie den Begriff Faulheit wohl eher nicht finden. Und doch kann man nicht bestreiten, dass Menschen scheitern, weil sie für irgendwas nicht bereit sind.

Ein weiterer Feind ist die Vermeidung von unangenehmen Dingen. Wer bewusst leben will, ist sozusagen gezwungen, sich seinen eigenen Ängsten auch tatsächlich zu stellen. Dieses bewusste Leben sorgt für den Kontakt mit nicht überwindbaren Schmerzen.

Sich selbst anzunehmen verlangt, dass wir die Realität unserer Gedanken, Handlungen oder Gefühle in unser Bewusstsein rufen. Das gilt auch dann, wenn sie möglicherweise unser eigenes Gleichgewicht stören. Unser offizielles Selbstbild wird dadurch möglicherweise auch erschüttert.

Wir müssen uns auch der Tatsache stellen, dass wir ultimativ allein sind. Dazu zwingt uns die Eigenverantwortlichkeit. Wir müssen uns von jenen Fantasien verabschieden, welche uns einen Retter versprechen.

Mut gehört zur Selbstbehauptung. Außerdem zählt auch dazu, dass man authentisch ist, ohne dass man die Garantie dafür hat, wie die anderen darauf reagieren. Es ist also immer mit einem Risiko verbunden, wir selbst zu sein.

Wir werden durch ein zielgerichtetes Leben aus unserer Passivität herausgerissen. Dann werden wir mit einem anspruchsvollen Leben konfrontiert. Das wiederum verlangt eine hohe Konzentration. Die Voraussetzung hierfür ist, dass nur wir selbst unser Motor sind.

Wir wählen unsere Werte und halten uns an diese. Genau das bedeutet Integrität, dabei spielt es keine Rolle, ob das tatsächlich angenehm ist und ob andere Menschen die Überzeugungen, welche wir haben, teilen. In manchen Zeiten wird ein Leben in Integrität uns auch sehr harte Entscheidungen abverlangen.

Auf lange Sicht betrachtet, sind Menschen mit hohem Selbstwertgefühl die glücklicheren Menschen. Als bester verfügbarer Indikator für Glück gilt daher das Selbstwertgefühl. Dieses verlangt aber auch Bereitschaft, dass man Unangemessenes aushält, wenn es nützlich ist.

Eine Untugend stellt nicht unbedingt der Wunsch nach Vermeidung von Unangemessenem dar. Wenn wir uns diesen überlassen und diese Tatsache bewirkt, dass wir wichtigen Realitäten gegenüber blind werden sowie von notwendigen Handlungen abgehalten sind, wird es am Ende eine Tragödie geben.

Das Grundmuster sieht hier wie folgt aus: Der Mensch vermeidet Dinge, die er sich eigentlich ansehen müsste. Der Grund dafür ist, dass er keine Schmerzen empfinden will. Dadurch, dass er aber etwas vermeidet, entstehen wieder neue Probleme. Auch diese möchte der Mensch nicht sehen, denn sie verursachen ebenfalls Schmerzen. Daraus werden erneut Probleme geschaffen, welche ebenfalls nicht untersucht werden wollen. Und so geht das Ganze immer weiter.

Betrachten wir nun das umgekehrte Grundmuster: Der Mensch entscheidet sich dafür, dass sein Glück und Selbstwertgefühl wichtiger sind als Unannehmlichkeit. Der Mensch geht hier in kleinen Schritten weiter. Man lebt bewusster, nimmt sich mehr an, lebt eigenverantwortlicher und so weiter. An dieser Stelle merkt der Mensch, dass er sich selbst viel mehr mag, wenn er genau das macht. Der Mensch wird förmlich beflügelt sein und möchte unbedingt den nächsten Schritt gehen. Sich selbst gegenüber und auch anderen gegenüber empfindet der Mensch demnach mehr Ehrlichkeit. Dadurch steigt das Selbstwertgefühl und schwierige Aufgaben können übernommen werden. Der Mensch fühlt sich an diesem Punkt robuster, ja sogar erfinderischer. Es wird ihm leichter fallen, die unangenehmen Emotionen oder bedrohliche Situationen auszuhalten und sich diesen zu stellen. Es besteht das Gefühl, dass man auf einen größeren Erfahrungsfundus zurückgreifen kann, damit die Dinge bewältigt werden können. Der Mensch wird selbstbewusster. Er fühlt sich stärker und Schwierigkeiten werden auch aus einer realistischeren Perspektive betrachtet. Tatsache ist, dass wir möglicherweise nie vollkommen frei von Angst oder Schmerz leben werden. Es ist aber so, dass genau diese Ängste und Schmerzen merklich nachlassen. Der Mensch lässt sich dann nicht mehr von diesen beiden Dingen einschüchtern. Weniger bedrohlich, sondern eher natürlich ist nun die Frage nach der Integrität.

Wäre dieser Prozess tatsächlich absolut leicht und vollkommen ohne Schwierigkeiten und bräuchte man für diesen weder Mut noch Durchhaltevermögen, hätte jeder Mensch tatsächlich Selbstwertgefühl. Aber leider bleibt ein Leben, welches ohne Anstrengung funktioniert, nur ein Traum der Kindheit.

Schmerzen oder Kämpfe haben eben nicht solch einen Wert. Kann man diese ohne negative Konsequenzen vermeiden, so sollte man das auch tun. Man sollte daher niemals die Angst oder das eigene Unbehagen dramatisieren. Vielmehr ist es wichtiger, diese als einen Teil unseres Lebens zu akzeptieren. Wir müssen uns diesen Gefühlen stellen und immer wieder versuchen, nach eigenen Kräften damit umgehen zu können. Jeder muss sich unablässig in die Richtung der eigenen besten Möglichkeiten bewegen.

Der Wille ist hier immer erforderlich sowie auch Durchhaltevermögen und Mut. Nur aus der Liebe kann die Energie für diese Aufgabe erwachsen. Die Liebe, welche wir für unser Leben empfinden. Und genau diese Liebe ist auch der Anfang der Tugend. Die Liebe ist die treibende Kraft, welche hinter den sechs Säulen steht. Demnach ist die Liebe die siebte Säule des Selbstwertgefühls.

Kapitel 2 Worin besteht der Unterschied zwischen Selbstwertgefühl und Selbstbewusstsein?

Tatsache ist, dass Selbstbewusstsein und Selbstwert oftmals gleichgesetzt werden. Dabei stecken zwar ähnliche Erklärungen hinter beiden Begriffen, doch es gibt ein paar feine Unterschiede, die ich Ihnen nun aufzeigen möchte.

Das Selbstbewusstsein ist also eine Fähigkeit des Menschen, sich selbst wahrzunehmen. Die Aufgaben dabei sind, sich selbst zu reflektieren und die eigenen Handlungen auch hinterfragen zu können. Damit man dies überhaupt in Angriff nehmen kann, ist die Selbsterkenntnis sehr wichtig. Ohne diese kann man sein eigenes Verhalten nicht optimieren.

Nur wenn der Mensch weiß, welche Gründe zu seinem Verhalten führen, kann er entscheiden, ob es überhaupt einer Veränderung bedarf. Daher ist hier die Basis das Verstehen. Auch bzw. ganz besonders in psychotherapeutischen Ansätzen ist das Verstehen eine der wichtigsten Grundlagen. Aufgrund dieser wird das bisherige Leben eines Menschen gewürdigt und Veränderungen können mit Bedacht angegangen werden.

Leider ist es in unserer Gesellschaft so, dass der Mensch einem regelrechten Selbstoptimierungswahn verfällt. Jeder sieht sein eigenes Verhalten oftmals viel zu kritisch. Daher ist es wichtig, eine genauere Überprüfung durchzuführen.

Wenn Sie Ihr Verhalten betrachten, sollten Sie nicht nur darauf Wert legen, herauszufinden, warum Ihr Verhalten als schlecht gelten soll. Werfen Sie auch einen Blick darauf, ob genau dieses Verhalten vielleicht auch positive Seiten hat.

Machen Sie sich also beider Seiten bewusst, denn das ist die Grundlage dafür, sein eigenes Verhalten tatsächlich zu ändern und um herausfinden zu können, auf welchem Wege dies geschehen soll.

Ein Ziel könnte beispielsweise sein, mehr an Flexibilität zu erlangen. Schauen wir uns doch dazu ein Beispiel an:

DAS KÖRPERBEWUSSTSEIN BEZIEHUNGSWEISE DER AUFRECHTE GANG

Ein Mensch, der aufrecht geht, hat eine höhere Ausstrahlung und stärkt somit auch seine Körperpräsenz. Zudem wird Selbstsicherheit ausgestrahlt. Aber auch für die Gesundheit ist ein aufrechter Gang wichtig, da man so Haltungsschäden vorbeugen kann.

Wenn wir den leicht gebeugten Gang anschauen, bei welchem der Mensch seinen Blick auf den Boden richtet, so werden wir schnell feststellen, dass so versucht wird, auf gar keinen Fall aufzufallen oder von anderen Menschen angesprochen zu werden.

Dieser Gang ist auch gut dafür, um etwas, das heruntergefallen ist, wiederzufinden.

Damit möchte ich Ihnen verdeutlichen, wie wichtig es ist, wirklich immer zu hinterfragen, wofür das eigene Verhalten gut sein könnte, ehe man tatsächlich etwas daran ändert. Der Mensch sollte niemandem vertrauen, wenn es um sich selbst geht, außer eben sich selbst. Daher muss auch jeder selbst überprüfen, ob eine Veränderung tatsächlich gut ist. Damit eine Veränderung gut ist, muss sie einem auch selbst wirklich guttun und dabei helfen, den eigenen Zielen Schritt für Schritt näher zu kommen. Sie allein sind der Maßstab Ihres eigenen Lebens. Mit anderen Worten: Sie sind der Experte Ihrer „Selbst" und wissen, was tatsächlich helfen kann, damit Sie sich gut fühlen.

Aus diesem Grund ist der einzige Weg für jeden Menschen, der zu einem besseren Selbstbewusstsein führt, immer jener, der zu einem selbst hinführt, sowie dazu, dass man sich selbst besser verstehen kann, sich selbst würdigt und die Fähigkeit entwickelt, das eigene Leben noch viel schöner machen zu können.

WERFEN WIR NUN EINEN BLICK AUF DAS SELBSTWERTGEFÜHL, UM DIE UNTERSCHIEDE ERKENNEN ZU KÖNNEN.

Viele verwechseln den Begriff Selbstwertgefühl mit Selbstbewusstsein. Dementsprechend wollen viele Menschen ein größeres Selbstbewusstsein erreichen, oftmals meinen sie damit jedoch ein größeres Selbstwertgefühl und ein selbstsicheres Auftreten. Die beiden Begriffe sind jedoch in Folgendem zu unterscheiden:

Das Selbstwertgefühl meint jenes Gefühl, welches der Mensch von seinem eigenen Wert hat und im Laufe seines Lebens erwirbt. Durch das eigene Verhalten kann man gezielten Einfluss auf das Selbstwertgefühl nehmen. Jedoch ist es uns nicht möglich, alles mit dem Selbstwertgefühl beeinflussen zu können.

Ich habe für Sie zehn Dinge zusammengefasst, welche keinen Einfluss auf Ihr Selbstwertgefühl haben sollten. Dafür ist es erst einmal wichtig, dass man weiß, wie Selbstwertgefühl und Selbstsicherheit überhaupt entstehen. Als Allererstes muss man sich die Ausgangsposition eines Menschen ansehen. Je nachdem, wie diese gestellt ist, sind bessere oder schlechtere Voraussetzungen geschaffen. Ein Mensch, der beispielsweise viel Anerkennung für authentisches Verhalten erfährt, ist sich auch umso sicherer seines eigenen Wertes. Und je sicherer man seines eigenen Wertes ist, desto mehr traut man sich auch zu und so besser kann man eigene Grenzen definieren.

Jene Menschen, die in einem Umfeld groß werden, wo deren Bedürfnisse nicht wahrgenommen werden, laufen die Gefahr, dass sich dies durch ihr weiteres Leben zieht. In Beziehungen kann sich das besonders widerspiegeln. Das soll aber nicht bedeuten, dass diese Menschen nicht lernen können, sich selbst wichtiger und ernster zu nehmen. Der erste Schritt ist hier, dass man anfängt, über sich und seinen eigenen Wert nachzudenken.

Stellen Sie sich beispielsweise die Frage, welche Situationen es sind, in denen Sie sich wertlos fühlen. Hinterfragen Sie auch die Ursachen dafür. Die Antworten auf diese Fragen sind sehr wichtig, damit man auf folgende Frage ebenfalls eine Antwort finden kann: Was kann man tun, um sich selbst als wertvollen Menschen zu empfinden, wenn man wieder in solch einer Situation ist?

Dementsprechend müssen viele Menschen lernen, an diesem Punkt anzusetzen, wo andere oder auch sie selbst ihre Wichtigkeit übergehen.

Hierbei können folgende Fragen helfen:

- Was tue ich, um mich selbst und meine Bedürfnisse wichtig zu nehmen?
- Mit welchen kleinen Schritten kann ich mich wichtig annehmen?
- Welche Verhaltensweisen legen andere an den Tag, durch die ich mich wertlos fühle?
- Was kann ich selbst tun, um von anderen wichtiger genommen zu werden?

SCHAUEN WIR UNS NUN DIE ZEHN FAKTOREN AN, WELCHE KEINEN EINFLUSS AUF IHREN SELBSTWERT NEHMEN SOLLTEN:

1) Die Größe und das Gewicht

Der eine ist so groß, der andere glaubt, er sei zu klein, wieder andere haben Probleme mit ihrem Gewicht. Entweder sind Sie zu dünn oder zu dick. Doch wenn wir mal ehrlich sind, sagt nichts dergleichen etwas über den eigenen Wert aus. Hier trifft das Sprichwort: „Leichter gesagt, als getan“ wie die Faust aufs Auge. Vor allem die Medien präsentieren uns täglich die Idealvorstellungen eines Menschen. Es ist also wichtig, dass man lernt, deren falsche Botschaft zu hinterfragen und vor allem auf sich selbst zu achten.

Hierfür ist folgende Übung ideal: Denken Sie an die Menschen, welche Ihnen besonders nahestehen und die Sie lieben. Welche körperlichen Makel haben diese? Wie gehen sie damit um? Denken Sie, dass Ihre Lieben durch diese Makel weniger wert sind? Auch Sie werden feststellen, dass genau jene Makel eben nichts daran ändern, wie wertvoll die Menschen für Sie sind.

Und genau daran sollten Sie sich erinnern, wenn Sie wieder einmal viel zu streng mit sich selbst sind. Hierfür können Sie sich folgenden Satz einprägen: „Wir lieben nicht die Schönheit eines Menschen. Die Liebe bestimmt, welche Menschen wir schön finden.“

2) Materieller Besitz kann wichtig sein, aber Freundschaften sind noch viel wichtiger

Egal, wie viele materiellen Werte sich ein Mensch geschaffen hat, keine von diesen ist mehr wert als der eigene Wert, denn materielle Dinge sind nicht von Dauer und erst recht nicht für die Ewigkeit. Jeder Mensch sollte daher auf den beständigen Wert in sich achten. Damit sind auch die inneren materiellen Dinge des Lebens gemeint, wie beispielsweise Freundschaft, Mitgefühl und Liebe.

„The Best Things in Life Are Free.."

(Janet Jackson, Song 1992)

---

3) Zwischen der Meinung der Eltern und dem Selbstwertgefühl besteht eine starke Verknüpfung

Die Eltern sind immer sehr wichtige Personen im eigenen Leben. Durch sie wird unsere Persönlichkeit geprägt. Zudem sind sie für unsere Entwicklung sehr wichtig. Dennoch ist es von Bedeutung, dass man sich Folgendes immer wieder bewusst macht: Wir sind durchaus dazu in der Lage, eigene Entscheidungen fällen zu können. Immerhin ist unser Leben vor allem unser eigenes. Es spielt dabei absolut keine Rolle, ob die Eltern diese Entscheidungen für gut befinden. Außerdem sagt dies auch nichts darüber aus, ob die Meinung der Eltern für richtige oder falsche Entscheidungen sorgt. Es ist nicht selten der Fall, dass Eltern eigene Wünsche durch ihr Kind erfüllen wollen.

Wichtig ist, dass man sich Folgendes bewusst macht: Kein Mensch kann sich das ganze Leben lang nach den Erwartungen der Eltern richten, denn sonst vergisst man tatsächlich selbst zu leben. Wir werden immer das Kind unserer Eltern bleiben. Diese Rolle ist uns ein ganzes Leben lang beschert, aber wir sind dennoch eigenständige Menschen, die eigene Wege gehen dürfen, müssen, können und sollen.

4) Traurige Momente sind bei einem gesunden Selbstbewusstsein erlaubt

Auch Menschen, deren Selbstbewusstsein enorm ist, haben hin und wieder einmal schlechte Tage. Manchmal können diese sogar einige Tage hintereinander weg bestehen. Das hat aber nicht zu bedeuten, dass man unfähig ist, sein Leben zu meistern. Manchmal bringt man eben nichts Ordentliches zustande.

Jeder Mensch sollte sich daher ein persönliches Tief erlauben. Man läuft sonst Gefahr, dass die schlechten Stimmungen einen in noch viel schlechtere versetzen. Hier hilft die Erinnerung an jene Tage, an welchen es uns wunderbar ging.

5) Der Wert Ihrer eigenen Person wird nicht durch Beziehungen definiert

Andere Menschen haben nicht das Recht und auch nicht die Macht darüber zu bestimmen, wer Sie selbst sind. Das gilt auch für den Partner, den es in diesem Moment noch nicht gibt. Zwar nimmt das eigene Beziehungsleben Einfluss auf unsere Zufriedenheit, doch über unseren eigenen Wert sagt dieses nichts aus.

Wer dazu in der Lage ist, dies zu erkennen, sorgt dafür, dass eine Beziehung auch langfristig funktionieren kann. Je besser es einem Menschen gelingt, unabhängig von einer anderen Person zu sein, desto entspannter kann dessen Beziehung auch verlaufen. Jeder bekommt seine Freiheiten und zudem ergänzt man sich. Man ist aber keinesfalls aufeinander angewiesen, man weiß auch so, dass man selbst wertvoll ist.

6) Wer erfolgreich sein möchte, darf auch scheitern

Thomas Edison, der Erfinder der Glühbirne, wurde unzählige Male gefragt, ob es ihm nicht schwerfiel, häufig gescheitert zu sein. Seine Antwort auf diese Frage lautete wie folgt: „Wieso denn scheitern? Ich kenne jetzt 1000 Wege, wie man keine Glühlampe baut.“

Diese Antwort sollten sich alle Menschen bewusst machen, denn in ihr liegt so viel Wahrheit. In unserem Leben gehört das Scheitern nun einmal dazu, daraus lernen wir. Natürlich ist dieses oft unangenehm und sorgt für reichlich Demotivation. Es ist aber wichtig, dies anzunehmen, um hinterher wieder aufstehen zu können, um weiterzumachen.

7) Der Mensch verliert nicht an Wert, wenn er sein Vorhaben nicht umsetzt

Manchmal schafft man es einfach nicht, zum Sport zu gehen oder andere Dinge, welche man sich vorgenommen hat, auch tatsächlich in die Tat umzusetzen.

Aber Sie können sich sicher sein, dass dies kein Weltuntergang ist. Sie müssen sich nicht minderwertig fühlen. Wer stark und diszipliniert sein möchte, kann daran wunderbar arbeiten. Das Wichtigste ist, dass man niemals aufgibt und immer wieder versucht, besser zu werden. Demnach sollte sich jeder Mensch immer wieder neu ermutigen und sich nicht schlecht reden.

Es gibt Studien, welche belegen, dass Menschen, die mehr Selbstdisziplin an den Tag legen, glücklicher sind. Daher ist es sehr lohnenswert, auch tatsächlich Zeit zu investieren, dass man disziplinierter wird. Hierbei sollte jeder Mensch seinen eigenen Weg finden.

8) Es ist egal, was andere von Ihnen denken, wenn Sie in Ihrem Beruf glücklich sind

Hier ist es das Gleiche wie mit dem materiellen Besitz. Der eigene Beruf kann nicht bestimmen, wie viel man selbst wert ist. Der Wert des Berufes spielt keine Rolle. Er ist nun einmal Ihr Job und dazu sollten Sie auch stehen. Was andere denken, wenn Sie beispielsweise als Reinigungskraft arbeiten, kann Ihnen vollkommen egal sein, Hauptsache Sie sind glücklich.

Ist es aber der Fall, dass Ihr Beruf Sie nicht glücklich macht, sollten Sie sich vielleicht ein neues berufliches Ziel suchen. Besuchen Sie Weiterbildungen, um neue Wege gehen zu können. Das sollten Sie aber niemals aus dem Grund machen, weil Sie durch andere weniger Anerkennung oder Wertschätzung erfahren. Jeder Beruf ist wichtig und hat einen eigenen Platz in der Gesellschaft.

9) Das eigene Selbstwertgefühl sollte nie durch die Normen der Gesellschaft beeinflusst werden

Jene Dinge, welche in unserer Gesellschaft als erstrebenswert erachtet werden, bleiben niemals gleich. Es herrscht immer ein stetiger Wandel. Vor vielen Jahren gehörte zum gesellschaftlichen Ansehen, dass man verheiratet war und viele Kinder bekam. Unsere Gesellschaft ist jetzt sehr modern. Daher passt genau dieses Familienschema nicht hinein. Singles oder Paare, welche nicht verheiratet sind, gelten ebenfalls als gute Eltern. Und das ist auch gut, denn das Wichtigste ist, dass jeder Mensch eigene moralische Werte hat, nach denen er lebt, um mit sich selbst im Reinen zu sein.

10) Das Selbstwertgefühl muss neu erweckt werden

Haben Sie möglicherweise Ihren inneren Selbstwert noch nicht gefunden? Die gute Nachricht ist, dass Sie sich nach diesem nicht einmal auf die Suche begeben müssen, denn er ist immer tief in Ihrem Inneren verankert. Niemand sollte sich entmutigen lassen, wenn er es nicht allein schafft, sich zu würdigen oder auch für sich einzustehen. Wichtig ist, dass man sich in keine Opferrolle begibt, sondern versucht, das eigene Selbstwertgefühl neu zu erwecken.

Kapitel 3 Wie entsteht mangelndes Selbstwertgefühl?

Selbstwertgefühl kommt von innen heraus und jede Person trägt es in sich. Bei manchen ist es stark ausgeprägt, bei anderen wiederum ist es leider sehr mangelhaft. Wenn wir uns mit dem Thema Selbstwertgefühl beschäftigen, gehört es auch dazu, dass wir uns die Ursachen sowie das Erscheinungsbild von Menschen mit mangelndem Selbstwertgefühl anschauen.

Es kann vielerlei Gründe beziehungsweise Ursachen geben, weshalb ein Mensch einen Mangel an Selbstwertgefühl hat. Es gibt Personen, die von Natur aus eher introvertiert, also sehr schüchtern sind. Deren Temperament ist sehr ruhig und manche von ihnen verfügen auch über eine genetische Veranlagung, dadurch kann sich bei ihnen schneller eine Angststörung entwickeln.

Eine der wichtigsten Quellen für mangelndes Selbstwertgefühl stellen die negativen Erfahrungen dar, welche ein Mensch in seiner Kindheit gesammelt hat. In der Beziehung zwischen Eltern und Kind entwickelt sich ein Bindungsstil. Dieser bleibt oftmals bis ins Erwachsenenalter bestehen. Ganz besonders entscheidend sind die ersten beiden Jahre, auch wenn sich die meisten Menschen nicht mehr bewusst an diese Zeit erinnern können.

Ist es der Fall, dass Kinder von ihren Eltern sehr häufig kritisiert wurden und wenig Lob erfuhren, so ist es durchaus möglich, dass das Kind dann einen unrealistischen Maßstab entwickelt, an welchem es sich selbst und seine Leistungen misst. Für jedes Kind ist es wichtig, das Gefühl zu haben, von ihren eigenen Eltern geliebt zu werden. Diese Liebe stellt keine Bedingungen. Somit sollten Kinder auch dann geliebt werden, wenn sie Fehler machen. Der Psychologe Carl Rogers bezeichnet diese Einstellung als unbedingte positive Wertschätzung. Und wenn genau diese fehlt, ist die Folge davon das mangelnde Selbstwertgefühl.

Auch emotionale Vernachlässigung, Misshandlungen sowie der sexuelle Missbrauch führen zu einem mangelnden Selbstwertgefühl. An dieser Stelle gilt es zu betonen, dass nicht nur Gewalterfahrungen aus der Kindheit prägend sind. Auch jene negativen Erfahrungen, welche man später im Beruf oder in der Partnerschaft macht, können die Ursache für mangelndes Selbstwertgefühl sein.

Kapitel 4 Das Erscheinungsbild von Menschen mit geringem Selbstwertgefühl

Werfen wir nun einen Blick darauf, woran man einen Menschen mit mangelndem Selbstwertgefühl erkennt.

1) DAS BUHLEN UM AUFMERKSAMKEIT

Als Elixier des Lebens betrachten die Menschen mit geringem Selbstwertgefühl oder Minderwertigkeitskomplexen die Aufmerksamkeit anderer. Im Privatleben sowie auch im Beruf wird daher immer wieder nach Anerkennung gesucht. Wenn ein Mensch, dessen Selbstwertgefühl sehr gering ist, beispielsweise bei der Arbeit gelobt wird oder gar eine Auszeichnung erhält, so schwebt er regelrecht im Glück. Jene Menschen, die in ihrem Beruf als eher bescheiden auftreten, werden es möglicherweise nicht sehr weit bringen. Jene Personen, die eine Sucht nach Aufmerksamkeit entwickelt haben, sind meilenweit davon entfernt.

2) NEID AUF DIE ERFOLGE ANDERER

Auf einem Thron hat nur ein König Platz. Daher werden die Erfolge anderer von Menschen, die sehr wenig Selbstwertgefühl haben, sehr skeptisch betrachtet. Das gilt im Berufsleben, aber auch unter Freunden und in der Familie. Die vorherrschenden Gefühle sind Neid und die Missgunst. Personen, die also anderen nichts gönnen können, fühlen sich aufgrund ihres geringen Selbstwertgefühls durch andere, welche Erfolg haben, bedroht. Manchmal stehen dann an der Tagesordnung auch Lästereien oder sogar direkte Konfrontationen. Ein gesundes Selbstwertgefühl existiert hier nicht.

3) VORURTEILE

Wer ein gesundes Selbstwertgefühl hat, den lassen solche Dinge kalt. Es wird nicht über andere geurteilt, da man weiß, dass jeder sein eigenes Päckchen zu tragen hat. Jeder sollte mit seinen Stärken und Schwächen genauso akzeptiert werden. Das gilt vor allem dann, wenn man den Menschen und seine Lebensgeschichte nicht kennt. Ein Mensch, dessen Selbstwertgefühl sehr gering ist, wird für andere sehr schwer die Akzeptanz aufbringen können und andere Meinungen oder Entscheidungen nicht tolerieren.

4) DER PERSÖNLICHE ANGRIFF

Haben Sie schon einmal mit einem Menschen diskutiert und dabei das Gefühl gehabt, das dieser sich durch Ihre Meinung, weil diese eben anders ist als seine, angegriffen fühlt? Viele Menschen mit mangelndem Selbstwertgefühl halten an ihrer Meinung ganz stur fest, andere wiederum haben gar keine Meinung und schließen sich immer wieder jemand anderem an. Auch wenn es viele logische Argumente gibt, die gegen dessen Meinung sprechen, so wird an dieser weiterhin festgehalten. Der Grund dafür ist, dass man ja zugeben müsste, falsch zu liegen. In diesem Punkt glauben die Personen dann, ihr Gesicht zu verlieren beziehungsweise sich angreifbar zu machen. Narzissten gelten beispielsweise als Menschen mit mangelndem Selbstwertgefühl. Diese versuchen, Gespräche ist so lange wie nur möglich hinauszuzögern, bis auch der Letzte von seinen Argumenten überzeugt wurde. Wenn die sachlichen Argumente nicht mehr weiter hilft, ist es sogar möglich, dass auf der persönlichen Ebene weiter argumentiert wird.

5) ZUHÖREN IST GLEICH FEHLANZEIGE

Viele Menschen, denen es an Selbstwertgefühl mangelt, können stundenlang reden, aber den anderen nicht zuhören. Das gilt besonders für narzisstisch veranlagte Personen. Sie sehen nur sich selbst und ihre eigenen Probleme. Für einen Narzissten ist das Diskutieren mit anderen sogar reine Zeitverschwendung. Wir können also an dieser Stelle festhalten, dass ein Mensch, dessen

Selbstwertgefühl sehr niedrig ist, sich selbst gerne reden hört. Das Reden wird in sehr hohem und lauten Maße betrieben und findet kaum ein Ende. Wenn Sie sich an Ihre Ausbildung oder Schulzeit zurückerinnern, wird es sicherlich auch da bereits sogenannte „Lästertanten" gegeben haben. Haben Sie sich jemals gefragt, warum diese Person so viel gelästert hat? Möglich ist, dass diese Person sich durch das Herunterputzen anderer besser, schöner oder klüger geführt hat und dadurch ihr mangelndes Selbstwertgefühl vor anderen verstecken konnte.

6) DAS AUFSCHIEBEN VON ENTSCHEIDUNGEN

Manchmal wird mangelndes Selbstwertgefühl auch nicht übertrieben zur Schau gestellt, denn es gibt auch jene Menschen, die eher vollkommen verunsichert durchs Leben gehen und sich nichts zutrauen. Sie stützen sich auf ihrem privaten Leben und ihrem beruflichen Leben ab. Diese Personen wirken in manchen Situationen vollkommen überfordert. Für enge Bezugspersonen aus dem privaten Umfeld, aber auch für die Kollegen können diese Personen eine sehr große Last darstellen. Anhand von vier Kriterien kann man diese schnell erkennen:

- Es werden keine Entscheidungen getroffen
- Entscheidungen werden lange hinausgezögert
- Entscheidungen werden versucht, auf andere abzuwälzen
- Sie neigen zu krankhafter Prokrastination

7) DER VERGLEICH MIT ANDEREN

Mangelndes Selbstwertgefühl kann dazu führen, dass sich Betroffene ständig mit anderen vergleichen. Diese Menschen fühlen sich tatsächlich sehr minderwertig. Besonders deutlich wird dies durch Sätze wie: „Unglaublich, dass du das erreicht hast, ich könnte das nie schaffen!". Manchmal werden aber auch konkrete Selbstzweifel geäußert.

8) KONZENTRATION AUF DIE SCHWÄCHEN

Ein Mensch, der ein geringeres Selbstwertgefühl hat, wird sich immer wieder auf seine eigenen Schwächen konzentrieren beziehungsweise auf jene Dinge, die er seiner Meinung nach nicht gut kann. Sie werden möglicherweise ihr ganzes Leben lang ein negatives Selbstbild haben, wodurch sie auf beruflicher Ebene immer unter ihren Möglichkeiten arbeiten. Sie verschanzen sich regelrecht in der Ecke, in welcher sie noch viele weitere Jahre sitzen bleiben werden. Hier fehlt der Mut, die Eigeninitiative, um berufliche Chancen zu ergreifen.

9) KOMPLIMENTE WERDEN BESCHÄMT ABGELEHNT

Ein Narzisst kann keine Kritik vertragen. Ein Mensch, dem es an Selbstwertgefühl mangelt, kann nicht mit Komplimenten umgehen. Oftmals steigt ihnen in solchen Momenten die Schamesröte ins Gesicht. Sie können auch nicht einfach so Danke sagen, sondern werden immer wieder versuchen, Gegenargumente zu finden. Manchmal ist es auch der Fall, dass die Ehrlichkeit der Argumente infrage gestellt wird. Auch der Gedanke, dass durch die Nettigkeit ein bestimmter Zweck verfolgt wird, ist häufig.

10) ES WERDEN UMWEGE GEGANGEN, UM DER KONFRONTATION AUSZUWEICHEN

Wer ein gesundes Selbstwertgefühl hat, der kann sehr gut einschätzen, wenn es sinnvoll ist, zu diskutieren oder dem anderen doch lieber den Rücken zuzukehren. Jene Menschen, die regelrecht süchtig nach Harmonie sind, werden vor Konfrontationen fliehen. Das ist ein sehr klares Zeichen für mangelndes Selbstwertgefühl.

Fazit: Mangelndes Selbstwertgefühl kann in vielen Formen auftreten

Zwei Beispiele dafür sind die Narzissten und jene Menschen, die man auch als graue Maus bezeichnet. Es gibt allerdings auch zahlreiche Zwischenformen. Tatsächlich können auch Menschen, die eigentlich ein gesundes

Selbstwertgefühl haben, ein paar Anteile dieser Formen in sich tragen. Aus diesem Grund lässt sich das eigene Umfeld auch nicht in Schwarz oder Weiß sortieren. Mit ein bisschen Hintergrundwissen und mehr Achtsamkeit gegenüber diesem Thema wird auch Ihnen bewusst, auf welche Personen der Mangel an Selbstwertgefühl zutrifft. An dieser Stelle gibt es aber auch eine gute Nachricht: Es besteht immer die Chance, ein gesundes Selbstwertgefühl zu erlangen, denn dieses kann erlernt werden.

Kapitel 5 Ein starkes Selbstwertgefühl kann im Leben helfen – aber wie?

Sie haben bereits erfahren, was ein gesundes Selbstwertgefühl bedeutet und die sieben Säulen des Selbstwertgefühls kennengelernt. Zudem kennen Sie nun auch den Unterschied zwischen Selbstbewusstsein und Selbstwert. Außerdem wissen Sie, wie mangelndes Selbstwertgefühl entstehen kann. In den nächsten Kapiteln wird es darum gehen, wie Sie Ihr Selbstwertgefühl Schritt für Schritt erweitern können. Vorher möchte ich Ihnen aber aufzeigen, welche Vorteile es haben kann, ein gesundes und gestärktes Selbstwertgefühl zu haben. Dazu werfen wir einen Blick auf die Bereiche unseres Lebens. Wenn Sie diese wertvollen Informationen gelesen und verinnerlicht haben, wird es Ihnen umso leichter fallen, hoch motiviert in die Praxis zu starten, um Ihr Selbstwertgefühl aufzubauen, wodurch Sie ein glücklicheres Leben beginnen können.

5.1 GLÜCK IM PRIVATLEBEN

Der erste Bereich, welcher durch ein gesundes Selbstwertgefühl verbessert werden kann, ist unser Privatleben. Ein mangelndes Selbstwertgefühl beeinflusst nämlich nicht nur uns selbst. Natürlich ist es so, dass es vor allen Dingen der Person schlecht geht, welche ein mangelndes Selbstwertgefühl hat. Immerhin glaubt diese ständig, dass sie nichts wert sei. Und doch ist es so, dass sich die Folgen eines mangelnden Selbstwertgefühls auch auf unsere Mitmenschen auswirken können.

Manche Menschen fallen gar nicht auf, wenn sie den Raum betreten. Erst wenn sie sich dazu besinnen, etwas zu sagen, was aber sehr leise und eher schüchtern geschieht, werden diese von anderen wahrgenommen. Dann gibt es aber auch Personen, deren Ausstrahlung so unglaublich stark ist, dass man spürt, dass diese den Raum betreten, noch bevor dies überhaupt geschehen ist.

Genau diese Menschen haben jede Menge Energie und Selbstvertrauen. Auf andere wirken sie motivierend und sorgen für gute Laune. Das unglaubliche Selbstbewusstsein, welches diese Menschen an den Tag legen, sorgt dafür, dass man selbst gar nicht anders kann, als sich davon anstecken zu lassen.

Kommt hingegen ein Mensch mit geringem Selbstvertrauen hinein, wird das komplette Gegenteil bewirkt. Diese Person wird erst mal gar nicht bemerkt, und wenn man sie irgendwann doch bemerkt, wird man durch sie nicht ermutigt. Diese Personen sind unsicher und denken stets schlecht von sich selbst. Diese Stimmung überträgt sich dann automatisch auch auf die anderen.

Die Gefühle, die ein Mensch hat, werden durch bestimmte Verhaltensweisen nach außen getragen. Dahingehend ist es klar, dass sich ein Mensch, welcher ein mangelndes Selbstwertgefühl hat, ganz anders verhält als ein Mensch, dessen Selbstwertgefühl sehr stark ausgeprägt ist. Der Mensch ist dafür bekannt, dass er sich sehr schnell beeinflussen lässt. Dies ist auch der Grund dafür, dass sich dieses Verhalten auf andere überträgt.

Auch Ihr Selbstwertgefühl hat einen sehr hohen Einfluss auf Ihre Umgebung und Außenwelt. Wenn Ihr Selbstwert niedrig ist, beeinflusst dies auch die Verhaltensweisen von Freunden oder der eigenen Familie. Damit möchte ich auf keinen Fall sagen, dass die anderen Menschen dadurch auch ein geringes Selbstwertgefühl bekommen. Lediglich möchte ich aufzeigen, dass sich durch das mangelnde Selbstwertgefühl einer Person die Stimmung der anderen in Ihrer Umgebung verändern kann. Das gilt auch dann, wenn eine Person mit starkem Selbstwertgefühl den Raum betritt.

Menschen, die immer schlecht von sich selbst denken, regelrecht verzweifeln, schlecht gelaunt sind oder sich sehr oft beschweren, tragen also in erheblichem Maße dazu bei, dass sich auch die Stimmung des Umfeldes verändert. Familie oder Freunde können dann plötzlich schlecht gelaunt sein, negativ denken und ihre Motivation verlieren. Die Person mit dem mangelnden Selbstwertgefühl erlebt dann die Auswirkungen nicht nur im Inneren, sondern eben auch durch die Außenwelt.

Wenn Sie selbst mehr Selbstwertgefühl erlangen, werden Sie merken, wie sich dieses auch auf Ihre Umgebung übertragen kann. Sie werden feststellen, wie sich dadurch auch Ihr Privatleben sehr stark verbessern wird. Dadurch gibt es weniger Streit, Auseinandersetzungen sowie weniger schlechte Laune oder Negativität.

Es ist nicht nur eine bedrückte Stimmung, welche zu Auseinandersetzungen führen kann. Ein Mensch, welcher ein mangelndes Selbstwertgefühl hat, kann nur sehr schwer seine eigenen Fehler zugeben. Diese werden immer anderen Menschen die Schuld zuweisen und die Fehler woanders suchen. Das mangelnde Selbstwertgefühl sorgt dafür, dass diese Menschen keine Verantwortung übernehmen können oder wollen. Hier sind Streitigkeiten vorprogrammiert.

Menschen, die ein starkes Selbstwertgefühl haben, können sich ihre eigenen Fehler sehr wohl eingestehen. Sie haben kein Problem damit, Konflikte zu lösen oder sich bei anderen zu entschuldigen. Dadurch gibt es weniger angespannte Beziehungen, Stimmungen oder Freundschaften.

Wer einen gesunden Selbstwert hat, nimmt die Dinge nicht persönlich und wird auch nicht versuchen, andere Menschen runterzuputzen, nur damit er sich selbst besser fühlt. Bei einem Menschen mit geringem Selbstwert passiert jedoch genau das Gegenteil. Diese Personen werden sich jedoch nicht trauen, so mit fremden oder nicht ganz so vertrauten Menschen umzugehen. Es ist daher traurige Tatsache, dass dann immer die eigentlich vertrauten und wichtigen Menschen die Leidtragenden sind.

Nicht nur die privaten Beziehungen profitieren davon, wenn ein Mensch ein gestärktes Selbstwertgefühl hat. Ein Mensch, dessen Selbstwert gestärkt ist, wird den Mut finden, seine eigenen Träume zu verwirklichen. All das, was man schon immer einmal ausprobieren wollte, wird dann in Angriff genommen. Hat also ein Mensch ein starkes Selbstwertgefühl, glaubt und weiß er, dass er alles schaffen kann, was er sich vornimmt. Diesen Personen geht es auf mentaler Ebene sehr viel besser. Demnach können Personen, denen es mental gut geht, auch viel mehr Kraft aufbringen, um sich selbst zu verwirklichen.

Durch diese Selbstverwirklichung steigert sich auch das eigene Wohlergehen. Dieses wirkt sich wiederum positiv auf die Umgebung aus. Grund dafür ist, dass man nicht länger einen Grund dafür hat, sich auf Auseinandersetzungen oder Streit einzulassen, auch nicht dafür, diese selbst zu provozieren. Und sollten doch Konflikte einmal auftreten, können diese schneller und leichter gelöst werden. Die Mitmenschen werden, so wie anfangs schon einmal beschrieben, von der Lebensfreude und guten Laune angesteckt, wodurch ein positives Klima entsteht.

Dies macht sehr deutlich, dass es sich nicht nur für sich selbst lohnt, das eigene Selbstwertgefühl zu steigern, sondern auch positive Auswirkungen auf das gesamte Umfeld und die Beziehungen eines Menschen hat. Auch Ihre Selbstverwirklichungspläne werden davon profitieren. Menschen mit gesundem Selbstwertgefühl können also im Privatleben wahre Gewinner sein.

5.2 BESSERE CHANCEN FÜR BERUF UND KARRIERE

Wenn sich das Privatleben durch ein starkes Selbstwertgefühl verbessert, liegt es auch auf der Hand, dass sich dies auch auf unser Berufsleben auswirkt. Wie schon einmal erwähnt, kann sich die Stimmung eines Raumes augenblicklich ins Positive verändern, wenn eine Person mit enormem Selbstwertgefühl den Raum betritt. Umgekehrt ist es, wenn jemand mit mangelndem Selbstwert in den Raum kommt. Die Stimmung wird sinken.

Der Chef einer Firma möchte gewiss nur jene Menschen einstellen, von denen er bereits beim Vorstellungsgespräch ausgeht, dass diese für ein positives Betriebsklima sorgen werden. Ein Mensch, der von sich und seinen Werten auch selbst überzeugt ist, wird dies nach außen hin ausstrahlen, wodurch dieser viel eher eine Anstellung bekommt als jene Menschen, bei denen man schon an der Körperhaltung erkennt, dass sie von sich selbst nicht überzeugt sind. Sie sehen also, dass ein gesundes Selbstwertgefühl durchaus dabei behilflich sein kann, wenn es darum geht, einen guten Arbeitsplatz zu bekommen.

Tatsächlich ist es sogar so, dass ein ausgeprägtes Selbstwertgefühl noch wichtiger sein kann als die vorhandenen Fähigkeiten. Demnach stellen Führungskräfte lieber eine Person ein, die zwar noch nicht viele Erfahrungen im Berufsleben hat, dafür aber ein stärkeres Selbstwertgefühl. Durch dieses zeigt die Person, dass sie dazu bereit ist, sich die notwendigen Fähigkeiten auch anzueignen. Personen mit hohem Selbstwertgefühl sind von sich selbst so überzeugt, dass dies auf andere ansteckend wirkt.

Einem Menschen, dem es an Selbstwert mangelt, der aber Berufserfahrungen hat, wird es trotzdem nicht gelingen, den zukünftigen Chef davon zu überzeugen, dass dieser an einen glauben soll. Demzufolge ist das Selbstwertgefühl das A und O, wenn man einen guten Job bekommen möchte. Damit möchte ich aber nicht sagen, dass dies bereits alles ist. Es ist sogar sehr wahrscheinlich, dass Menschen mit hohem Selbstwert auch viel eher eine Beförderung erhalten werden. Sie signalisieren ihrem Chef die Bereitschaft, sich neue Dinge anzueignen und ganz wichtig, sie halten sich auch an die gegebenen Versprechen.

Menschen, die an sich selbst glauben, werden sich viel leichter neue Dinge beibringen können sowie schweren Herausforderungen stellen. Anders ist das hingegen bei Menschen mit geringem Selbstwert. Diese stehen sich oft selbst im Weg. Herausforderungen werden dann nur mit sehr viel Mühe und Aufwand gemeistert, wenn sie sich an diese überhaupt heranwagen.

Jene Angestellten, die immer eine Lösung parat haben, wenn es Probleme gibt, kommen bei ihren Vorgesetzten natürlich auch viel besser an. Demzufolge bleiben Gehaltserhöhungen oder Beförderungen nicht lange aus. Diese können wiederum sehr motivierend sein, sodass die Leistungen noch einmal mehr gesteigert werden. Gleichermaßen steigert dies auch den Selbstwert. Es ist also so, dass sich Menschen mit hohem Selbstwertgefühl in einer wunderbaren Aufwärtsspirale bewegen.

Doch nicht nur beim Chef kommen diese Personen gut an. Sie werden auch von den Kollegen angesehen. Diese wissen deren Kompetenzen und Stärken sehr zu schätzen und umgeben sich gerne mit ihnen. Wer möchte nicht gerne einen Kollegen haben, der immer gut gelaunt ist, weiß, was zu tun ist und somit ein Vorbild für andere darstellt.

Demzufolge ist das Arbeitsklima stets positiv und es wird wenig Auseinandersetzungen und Streitigkeiten geben. Sollte es doch manchmal etwas Stress mit Kollegen geben, wissen Menschen, deren Selbstwert hoch ist, wie sie damit umgehen können. Kritik wird demzufolge angenommen. Wichtig ist, dass die Kritik konstruktiv ist und man so aus den eigenen Fehlern lernen kann. Hat der

Kollege ein mangelndes Selbstwertgefühl und übt sich in Kritik in Form von Herunterputzen, lässt derjenige, welcher ein starkes Selbstwertgefühl hat, diese Kritik nicht an sich heran. Zudem werden diese Anfeindungen auch nicht persönlich genommen.

Zusammen führen diese Punkte dazu, dass sich die Leistungen steigern werden, die Arbeit noch mehr Spaß bringt und der Erfolg zum Greifen nahe ist. Es ist auch nicht auszuschließen, dass eine Person mit hohem Selbstwert auch irgendwann die Chefposition einnimmt oder sogar ein eigenes Unternehmen gründet. Beides ist problemlos möglich.

Auch umgekehrt ist es so. Wenn man im beruflichen Leben immer hoch motiviert arbeitet, Erfolge erzielt und Lob für die eigenen Leistungen erhält, wird es einem auch im Privatleben besser ergehen. Den Mitmenschen tritt man dann mit guter Laune und positiver Energie entgegen. Auseinandersetzungen und Streitigkeiten können dem Ganzen auch nichts anhaben.

5.3 KONTAKTE

Es ist die Aufgabe eines jeden Menschen, zu lernen, mit sich selbst glücklich zu werden. Wahrer Selbstwert kommt von innen heraus. So ist das auch mit dem Glück. Es entsteht in uns, nicht durch die äußeren Einflüsse. Und dennoch ist ein Mensch eher ein Herdentier. Auf Dauer kann man allein auch nicht glücklich werden. Soziale Kontakte sind daher notwendig.

Menschen mit geringem Selbstwertgefühl haben oftmals Schwierigkeiten, neue Kontakte zu knüpfen. Es ist sogar möglich, dass man irgendwann aufgrund des mangelnden Selbstwertgefühls, welches Streitigkeiten auslöst, ganz allein dasteht. Dass dies den Selbstwert nicht steigert, liegt auf der Hand. Auch wenn ein Mensch ein starkes Selbstwertgefühl hat, kann der Mangel an sozialen Kontakten ihn an seine Grenzen bringen. Wer keine sozialen Kontakte hat, wird vereinsamen. Dabei spielt es auch keine Rolle, wie gut wir mit uns selbst zurechtkommen und wie hoch unser Selbstwert ist. Jeder braucht menschliche Nähe, denn das tut uns psychisch gut.

Ein Mensch mit hohem Selbstwert, dem die Kontakte wegfallen, wird es schwer haben. An dieser Stelle können Sie sich gewiss vorstellen, dass es

Menschen mit mangelndem Selbstwert noch viel schwerer fallen wird, damit umzugehen, wenn die sozialen Kontakte wegbrechen oder gar nicht erst zustande kommen. Für diese Personen bricht sogar die ganze Welt zusammen. Der Halt wird in der Außenwelt gesucht und nicht im eigenen Inneren. Demzufolge wird dieser Halt wegfallen, wenn die sozialen Kontakte, die sowieso schon gering sind, ausbleiben. Das hat wiederum zur Folge, dass sich diese Menschen noch wertloser fühlen. Eine schlimme Folge daraus kann zum Beispiel eine Depression sein.

Menschen mit gesundem Selbstwertgefühl kann dies nicht so leicht passieren. Wer seinen eigenen Wert kennt, dem wird es auch leichtfallen, neue Kontakte zu knüpfen. Es wird so auch leichter sein, auf andere Menschen zuzugehen und den ersten Schritt zu wagen. Die angesprochenen Menschen werden diese selten ablehnen, immerhin haben sie eine positive und selbstsichere Ausstrahlung, wodurch auch ein gutes Gefühl vermittelt wird.

Hat ein Mensch ein geringes Selbstwertgefühl, traut er sich gar nicht erst, andere Menschen anzusprechen und überhaupt auf diese zuzugehen. Demzufolge knüpfen diese nur sehr schwer neue Kontakte. Sie warten so lange, bis andere den ersten Schritt machen. Und wie soll es auch anders sein, wird sich diese Person dann auch noch fragen, warum der andere überhaupt und ausgerechnet ihn anspricht. Es ist für diese Menschen fast schon utopisch, dass jemand etwas mit ihnen zu tun haben will. Und dieses unsichere Verhalten strahlt die Person dann auch aus. Demzufolge werden andere Personen das Interesse schnell verlieren.

Wenn die andere Person aber das Interesse nicht so schnell verliert und tatsächlich dauerhaft Interesse zeigt, wird es dennoch ewig dauern, bis wahres Vertrauen entstehen kann. Ein Mensch mit geringem Selbstwertgefühl hat sehr große Schwierigkeiten, sich anderen gegenüber zu öffnen und vollkommen ehrlich zu sein. Erst wenn man sich dem anderen gegenüber öffnen kann, wird eine innige Freundschaft entstehen. Demzufolge kommt es nur sehr selten zu solch innigen Verbindungen. Mit jeder Menge Glück ist die Person, welche den Kontakt gesucht hat, sehr geduldig, wenn es um das Öffnen geht. Andernfalls entsteht keine tiefere Verbindung.

Es ist zwar selten, aber es gibt auch die Möglichkeit, dass ein Mensch mit geringem Selbstwertgefühl selbst die Initiative ergreift und auf andere zugeht. Sehr wahrscheinlich ist hier, dass die andere Person jedoch kein Interesse hat, da der andere eher unscheinbar wirkt. Wenn man sich getraut hat, jemanden anzusprechen, war dies jedoch nur der erste Schritt. Der zweite Schritt ist, das Interesse des anderen zu wecken und ihm klarzumachen, was man überhaupt möchte. So kommt die ganze Sache überhaupt ins Rollen. Demzufolge wird es eine Person mit geringem Selbstwertgefühl, welche sich dennoch getraut hat, den anderen anzusprechen, dann aber nicht weiß, wie es weitergehen soll, diesen geringen Selbstwert auch nach außen ausstrahlen und sich überhaupt nicht öffnen können. Das Gegenüber kann demzufolge nicht viel mit dieser Person anfangen und entwickelt auch kein Interesse daran.

Das ist der Grund, warum Menschen mit geringem Selbstwertgefühl viel eher abgewiesen werden als andere. Wenn man dieses Wissen betrachtet, ist es fast schon glasklar, dass sich diese Leute auch noch unsicherer fühlen. Das bestätigt die negativen Glaubenssätze und sorgt dafür, dass sie sich auch weiterhin nicht trauen werden, andere anzusprechen oder überhaupt eine Verbindung zu anderen Personen aufzubauen.

Sollte es einer Person mit geringem Selbstwertgefühl dennoch gelingen, eine tiefe und innige Beziehung aufzubauen, ist es sehr wahrscheinlich, dass diese nicht sehr lange anhalten wird. Durch das geringe Selbstwertgefühl überträgt sich die eigene Unsicherheit auch auf andere, es werden Streitigkeiten angefangen, Auseinandersetzungen häufen sich und eine Beziehung geht so immer mehr in die Brüche. Wie soll es auch anders sein, führt dies abermals dazu, dass der Betroffene in seinen negativen Glaubenssätzen bestätigt wird.

Menschen, die ein gesundes Selbstwertgefühl haben, scheinen vor diesen Dingen bewahrt zu sein. Wer ein hohes Selbstwertgefühl hat, hat auch keine Schwierigkeiten, andere kennenzulernen, man kann viel einfacher neue Kontakte knüpfen. Es lässt sich auch sagen, dass dies von selbst passiert. Andere Menschen werden regelrecht angezogen. Wer diese Menschen sieht, bemerkt recht schnell, dass man mit ihnen sehr einfach ins Gespräch kommen kann und keine Angst vor Abweisung haben muss.

Hat ein Mensch ein geringes Selbstwertgefühl, wirkt er auf andere eher verschlossen, wodurch viele sich nicht einmal trauen, diese Person anzusprechen. Man ist sich hier sicher, dass man auf eine Mauer stößt. Oftmals ist dies auch tatsächlich der Fall. Schnelle, einfache und tolle Gespräche können mit selbstsicheren Menschen entstehen, denn diese haben keine Scheu, sich ihrem Gegenüber zu öffnen und von Grund auf ehrlich zu sein. Daraus entstehen nicht nur lockere Alltagsgespräche, sondern auch tiefgehende und persönliche Konversationen. Aus eben diesen können sich dann wahre Freundschaften und Beziehungen entwickeln.

Wenn man seinen eigenen Wert kennt, entstehen generell viel einfacher und schneller Vertrauensverhältnisse, denn man muss sich für nichts schämen und wird immer zu sich selbst stehen.

Jene Verbindungen, die dank eines gestärkten Selbstwerts entstehen, gehen viel tiefer und halten auch länger. Es werden keine Fehler bei dem anderen gesucht. Und auch wenn manchmal ein Streit vorkommt, so ist es nicht Teil des Alltags. Ein Konflikt lässt sich ohne Probleme lösen. Und genau das sind sehr wichtige Voraussetzungen für erfolgreiche, langanhaltende und glückliche Verbindungen zwischen Menschen.

Natürlich ist es auch normal, dass sich Menschen mit hohem Selbstwert auch mal so richtig streiten können und dabei eine Beziehung auseinandergeht oder eine Freundschaft nicht länger bestehen kann, weil die Meinungsverschiedenheit viel zu groß ist. Und auch wenn man ein hohes Selbstwertgefühl hat, so ist der Wegfall dieser Verbindung nicht so einfach zu verdauen. Durch das gesunde Selbstwertgefühl wird einem jedoch enorm dabei geholfen, eine solche Trennung zu verkraften und überhaupt damit umgehen zu können. Ein Mensch mit geringem Selbstwertgefühl kann damit jedoch überhaupt nicht umgehen.

Es ist nicht nur für neue Freundschaften oder private Beziehungen wichtig, dass man ein gesundes Selbstwertgefühl entwickelt, sondern auch für das berufliche Leben, denn auch hier bringen neue Kontakte einen manchmal viel weiter, als man denkt. Menschen, die mehr Kontakte zu anderen knüpfen können, haben auch mehr Menschen um sich, die einem helfen und einen unterstützen können. Zudem können diese auch hilfreich sein, wenn man seine eigene Karriere vorantreiben will. Das private und berufliche Leben wird demzufolge durch das Knüpfen neuer Kontakte enorm verbessert. Somit kann man einen rundum glücklichen Lebensweg bestreiten.

Kapitel 6 Sie entscheiden: Wollen Sie Gewinner oder Verlierer sein?

Gewinner sind tatsächlich jene Menschen, die ein gesundes Selbstwertgefühl entwickelt haben. Als Verlierer gelten demzufolge Personen, denen es an Selbstwert mangelt. Was ein Gewinner und ein Verlierer ist, werden Sie wahrscheinlich wissen. Doch schauen wir uns einmal genauer an, worin der Unterschied zwischen Gewinner und Verlierer besteht, wenn es um das Selbstwertgefühl geht.

Wie wird sich beispielsweise ein Gewinner verhalten und wie ein Verlierer? Hierfür habe ich für Sie folgende Beispiele vorbereitet. Lesen Sie sich diese in aller Ruhe durch und reflektieren Sie sich anschließend selbst. Sie können dann ankreuzen, ob das Beispiel auf Sie zutrifft oder nicht. Im Anschluss gibt es dazu eine Auswertung. Wenn Sie sich hinsichtlich einer Antwort vollkommen unsicher sind, können Sie dieses Beispiel erst einmal auslassen und später zu diesem zurückkehren. Manchmal treffen die Antworten eben nicht zu hundert Prozent zu, entscheiden Sie dann nach Ihrem Gefühl, was mehr zutrifft. Am Ende werden alle Kreuze, welche Sie bei „Ja" gesetzt haben, zusammengezählt. Mit Hilfe einer Tabelle, die ich Ihnen zur Verfügung stellen werde, können Sie dann feststellen, wie stark Sie an Ihrem Selbstwertgefühl feilen müssen, um Ihr Leben fortan als Gewinner bestreiten zu können.

BEISPIEL 1: BEZIEHUNGEN

Es ist tatsächlich davon abhängig, welche Beziehung man zu sich selbst und zu anderen hat sowie von der eigenen Leistung, ob man sich als Gewinner oder Verlierer bezeichnet. Sich selbst kann man als Gewinner betrachten, wenn man eine gute und gesunde Beziehung zu sich selbst aufgebaut hat, mit seinem Charakter und Körper zufrieden ist und stets an sich arbeitet.

Hat man keine Disziplin und lässt sich ständig gehen, nimmt dadurch beispielsweise immer mehr zu, fühlt man sich in seinem Körper unwohl. Aufgrund der negativen Einstellungen zieht man sich selbst runter. Man hat keine gute Beziehung zu sich selbst und sieht sich eher als Verlierer.

Das Gleiche gilt auch im Hinblick auf Beziehungen. Kommt man mit fast allen Menschen wunderbar klar, pflegt Freundschaften und Beziehungen und hat auch im Berufsleben viele Kontakte, so kann man sich durchaus als Gewinner bezeichnen.

Menschen, die sich aber nicht trauen, andere anzusprechen und sich zu öffnen, werden keine tollen Freunde haben und auch keine hilfreichen Kontakte im Berufsleben. In diesem Fall kann man sich selbst eher als Verlierer sehen.

Man kann aber nicht nur an der Beziehung zu sich oder anderen arbeiten, sondern auch an den eigenen Fähigkeiten, denn diese lassen sich durch regelmäßiges Üben verbessern.

Ein Mensch, der weiß, dass er viele Dinge gut kann und in bestimmten Bereichen auch sehr gut ist, fühlt sich auch wie ein Gewinner.

Hat eine Person aber das Gefühl, dass sie nichts kann und auch nichts allein schaffen wird, hält sie sich selbst für einen Verlierer und glaubt somit, auf die Hilfe anderer angewiesen zu sein.

Ist Ihre Beziehung zu sich selbst und zu anderen gut und sind Sie auf Ihre eigenen Leistungen und Fähigkeiten stolz?

Ja **Nein**

BEISPIEL 2: ISTZUSTAND UND SOLLZUSTAND

Ein jeder Mensch hat von sich selbst Vorstellungen, wie er tatsächlich sein möchte. Bezüglich unseres Körpers, Charakters und Verhaltens haben wir auch eigene Ziele. Man kann sich beispielsweise vornehmen, 20 kg abzunehmen oder zu lernen, seinem Gegenüber besser zuzuhören und ihn nicht so häufig zu unterbrechen. Wir wollen uns von negativen Glaubenssätzen trennen und uns nicht von ihnen runterziehen lassen. Die Ziele können genauso individuell sein, wie wir Menschen es selbst auch sind.

Die Traumvorstellung vom eigenen Selbst hat bei einem Verlierer jedoch nichts mit der Realität zu tun. Hier ist der Istzustand sehr weit vom Sollzustand entfernt. Somit ist dieser so gut wie gar nicht erreichbar.

Auf der einen Seite liegt das daran, dass Verlierer stets und ständig unzufrieden mit sich selbst sind und daher am liebsten vollkommen andere Menschen wären. Zum anderen aber auch daran, dass Verlierer fast gar nicht an sich selbst arbeiten. Demzufolge werden diese Menschen ihr Idealbild nicht erreichen, sondern sich immer weiter von diesem entfernen. Ein Verlierer steht still und entwickelt sich schlimmstenfalls sogar zurück.

Macht man beispielsweise seit vielen Monaten ein bestimmtes Workout, um endlich an Gewicht zu verlieren, steigert sich aber nicht, so verliert man nach einiger Zeit tatsächlich die Lust am Sport und möchte gar keinen mehr machen. Fortschritte können so nicht entstehen. Man macht eher einen Rückschritt. Somit entfernt sich der Sollzustand immer weiter vom Istzustand.

Tatsache ist: Je weiter wir von unserem Sollzustand entfernt sind, desto weniger Motivation haben wir, uns diesem zu nähern. Das Ziel scheint einfach viel zu weit entfernt.

Ein Gewinner wird ständig an sich selbst arbeiten. Er möchte niemals einen Rückschritt machen und auch nicht auf der Stelle stehen bleiben. Er möchte sich verbessern und Fortschritte erzielen. Demzufolge ist auch der Sollzustand nicht zu weit vom Istzustand entfernt.

Da er der eigenen Idealvorstellung sehr nahe ist, wird dies ihn noch viel mehr motivieren, um seinen Istzustand zu optimieren und sich so weiterzuentwickeln.

Wird Ihr eigenes Idealbild erfüllt? Falls dies nicht so ist, arbeiten Sie daran, diesem immer näher zu kommen und sich weiterzuentwickeln?

Ja **Nein**

BEISPIEL 3: VERTRAUEN UND ZWEIFEL

Von Verlierern wird immer alles infrage gestellt. Auch wenn es gute Neuigkeiten gibt, werden diese nicht einfach so akzeptiert. Er macht sich direkt Gedanken darüber, ob das tatsächlich stimmen kann oder vielleicht doch nur ein Fehlalarm ist. Wenn etwas Tolles passiert, kann er dies nicht einfach so akzeptieren, auch nicht dann, wenn er etwas Großartiges geschaffen hat. Er wird immer alles infrage stellen.

Ist das tatsächlich so?

Wie lange wird dieser unglaubliche Zustand wohl anhalten?

Habe ich wirklich gute Leistungen erbracht?

Sind andere wirklich zufrieden mit mir?

Bin ich tatsächlich gut genug dafür?

Ein Verlierer kann den Moment nicht genießen und auch nicht darauf vertrauen, dass alles gut ist. Viel mehr zweifelt er an allem, was gut ist, anstatt an seine eigenen Fähigkeiten zu glauben. Automatisch wird alles ins Negative gezogen.

Betrachtet man den Gewinner, so hat dieser Vertrauen in die Dinge und zweifelt nicht an ihnen. Er hat vor allem tiefes Vertrauen in sich selbst und ist sich dessen bewusst, dass er alles schaffen kann, was er sich nur vornimmt. Er weiß, dass es keinen Grund für Zweifel gibt.

Wenn ein Mensch also voller Energie ist und an sich selbst glaubt, wird er aktiv an seinen Zielen arbeiten und kann diese auch erreichen. Ein Mensch, der stets und ständig alles anzweifelt, wird fast immer scheitern.

Haben Sie Vertrauen in Ihr eigenes Leben und sind Sie sich sicher, dass Sie alles schaffen können, wenn Sie nur an sich selbst glauben?

Ja **Nein**

BEISPIEL 4: UMGANG MIT KRITIK

Wenn ein Verlierer kritisiert wird, hasst er dies wie die Pest. Der Grund dafür ist, dass er mit Kritik überhaupt nicht umgehen kann. Er ist unglaublich unsicher und zweifelt stets und ständig an sich selbst. Wenn jemand genau das anspricht, wird er immer abblocken und sich diese Kritik nicht zu Herzen nehmen, denn es wird ihm alles zu viel. Seine Reaktionen fallen gereizt aus und er wird sich nur schlecht fühlen.

Durch die Kritik an einem Verlierer werden in diesem sehr viele Punkte getriggert, wodurch sich diese Personen einfach vollkommen überrollt fühlen. Demzufolge ist der einzige Ausweg hier sehr oft die Trotzreaktion. Es wird genervt oder gereizt reagiert. Hin und wieder feuern sie auch Kritik zurück, um den Kritiker ebenfalls zu verletzen. Demzufolge werden Verlierer auch sehr schnell beleidigend. Dabei spielt es nicht einmal eine Rolle, ob der Kritiker seine Kritik nur so rausließ, um den Verlierer zu provozieren oder ob er ihm damit tatsächlich helfen wollte.

Erfährt ein Gewinner Kritik, wird er immer wieder versuchen, daraus etwas Gutes zu ziehen und zu lernen. Die Kritik wird nicht als persönlicher Angriff verstanden, sondern eher als Möglichkeit, um an sich selbst zu arbeiten.

Zudem sind Gewinner dazu in der Lage, zu unterscheiden, ob die Kritik geäußert wird, um zu helfen oder nur um den anderen herunterzuputzen, damit man eigene Unsicherheiten verbergen kann. Demzufolge wäre die Kritik nicht konstruktiv. Wenn der erste Punkt zutrifft, wird sich der Gewinner für die konstruktive Kritik bedanken und gut über diese nachdenken, um herauszufinden, was er verbessern kann.

Ist jedoch Letzteres der Fall, wird die böse Kritik nicht angenommen. Er wird sich auch immer wieder vor Augen führen, dass es nichts mit ihm persönlich zu tun hat, sondern regelrecht die Unsicherheiten des Gegenübers widergespiegelt werden. Zudem wird ein Gewinner immer versuchen, tiefes Mitgefühl und keine Wut zu empfinden. Wenn jemand etwas sehr Gemeines zu anderen sagt, ist dieser oftmals nicht im Reinen mit sich selbst, sondern kämpft mit vielen Problemen. Demzufolge sind Menschen, welche Kritik äußern, um andere herunterzuputzen und zu verletzen, Verlierer.

Können Sie konstruktive Kritik annehmen, durch diese wachsen und sind Sie in der Lage, sinnlose und beleidigende Kritik nicht zu beachten?

Ja **Nein**

BEISPIEL 5: VERGLEICHE MIT ANDEREN UND DEM ALTEN ICH

Wie unser Leben beurteilt wird, basiert immer auf Vergleichen. Ein Mensch, der beispielsweise 500 € auf seinem Konto zur Verfügung hat, zählt in einem reichen Land eher zu den Verlierern. In einem armen Land wird er jedoch als Gewinner angesehen. Wie sich ein Mensch selbst und sein eigenes Leben sieht, ist also immer davon abhängig, womit er sich vergleicht.

Ein Verlierer wird sich und sein Leben daher sehr gerne mit dem Leben anderer vergleichen. Der Fokus liegt hier aber immer auf Menschen, die ihm um viele Schritte voraus sind. Es werden also immer jene Menschen für Vergleiche gewählt, die besser aussehen, erfolgreicher sind oder mehr auf ihrem eigenen Konto haben.

Wenn ein Gewinner dies tun würde, würden sie jene Menschen, die im Leben viel weiter sind, eher als Motivation betrachten. Verlierer verspüren hier eher Neid, wodurch sie sich schrecklich fühlen, dass sie in den eigenen Augen noch nichts oder nur sehr wenig erreicht haben.

Ein Verlierer wird sich niemals den Menschen ansehen, welcher selbst noch nicht viel erreicht hat. Wenn er dies aber tun würde, könnte er feststellen, dass auch er nicht komplett am Anfang steht, sondern bereits etwas erreichen konnte und dass es auch Menschen gibt, die nicht so weit von ihm entfernt sind. Aber er sucht stets den Vergleich zu Menschen, die viel weiter sind, wodurch er das Gefühl bekommt, noch nichts erreicht zu haben und komplett am Anfang zu stehen.

Ein Gewinner wird sich niemals mit anderen Menschen vergleichen, sondern nur mit sich selbst. Nur er ist sein eigener Maßstab. Die Erfolge von anderen spielen für ihn keine Rolle, sondern seine eigenen. Ihm geht es niemals darum, dass er in gewissen Dingen besser ist als andere. Er möchte nur besser sein als sein früheres Ich. Daher wird er auch stets an sich selbst arbeiten und seine Konzentration auf die Dinge legen, welche er bereits geschafft hat. Wenn er feststellt, an welcher Stelle er vor zehn Jahren in seinem Leben stand, wird er auch erkennen, was er bereits geschafft und verbessert hat. Auf diese Art und Weise kann er seine eigene Entwicklung wunderbar beobachten und sehen, wie erfolgreich er ist.

Sollte sich ein Gewinner dennoch mit anderen vergleichen, wird er keinen Neid ihnen gegenüber empfinden, sondern deren Erfolge als Inspiration ansehen. Vergleicht er sich mit Menschen, die noch nicht so weit sind wie er, wird er erkennen, wie viel er schon erreicht hat und dass er nicht mehr am Anfang steht. Daraus zieht er Motivation und Inspiration und erkennt, dass es sich lohnt, an seinen Zielen zu arbeiten und für diese zu kämpfen.

Mit wem vergleichen Sie sich? Wenn Sie sich mit anderen vergleichen, fühlen Sie sich dann inspiriert und motiviert oder verspüren Sie eher Neid und Missgunst?

Ja **Nein**

BEISPIEL 6: EIGENVERANTWORTUNG UND SCHICKSAL

Fehler werden von Verlierern nicht nur bei den anderen Menschen, sondern auch bei den Umständen gesucht. Es fallen ihm 1000 Ausreden ein, wenn etwas nicht so gelingt, wie er es vorgesehen hatte. Das eigene Schicksal wird demnach den Umständen überlassen, anstatt es tatsächlich selbst in die Hand zu nehmen. Es folgen dann Aussagen wie „Ich kann heute nicht zum Sport gehen, weil ich nicht sportlich bin". Und weil das Schicksal es nicht gut mit ihm meint, hat er auch den letzten Job nicht bekommen. Einem Verlierer werden demzufolge immer wieder neue Ausreden einfallen, warum ihm seine Vorhaben nicht gelingen.

Das Schicksal und die Umstände meinen es sowieso nicht gut mit Verlierern und tragen daher immer die Schuld. Bei sich selbst wird er diese niemals suchen. Es ist immerhin viel leichter, wenn man die eigene Verantwortung an andere abgibt und letztendlich so tut, als hätte man selbst absolut keinen Einfluss darauf. Im Anschluss wird sich dann beklagt, dass bei einem selbst nichts klappt, obwohl es bei anderen doch funktioniert.

Mit anderen sind natürlich die Gewinner gemeint. Diese überlassen aber nichts den Umständen oder dem Schicksal, sondern nehmen ihr Glück selbst in die Hand. Ein Gewinner wird sich auch dann um seinen Garten kümmern, wenn es geregnet hat. Ausreden werden nicht erfunden und dem Leben wird auch nicht die Schuld in die Schuhe geschoben. Gewinner nehmen stets ihr Leben selbst in die Hand und kämpfen für das, was für sie wichtig erscheint. Gewinner sind außerdem dazu in der Lage, Eigenverantwortung zu übernehmen. Das wird sich immer wieder für sie auszahlen. Das Motto „Jeder ist seines Glückes Schmied" behält er stets im Hinterkopf.

Viele Verlierer nehmen an, dass Gewinner sowieso viel mehr Glück in ihrem Leben haben und dadurch erfolgreicher sein können. Diese Annahme stimmt aber keineswegs. Es gibt keinen Menschen, der sein Traumleben in die Wiege gelegt bekommt. Um dieses zu erreichen, braucht es sehr viel Disziplin und harte Arbeit. Ein Gewinner kann diszipliniert sein und hart arbeiten. Ein Verlierer wird jedoch auf der faulen Haut herumliegen und auf ein Wunder hoffen. Dass dieses Wunder aber nicht eintritt, wird er nicht einsehen.

Verfolgen Sie Ihre Ziele und nehmen Sie Ihr Leben selbst in die Hand, anstatt es dem Schicksal, anderen Menschen oder den Umständen zu überlassen?

Ja **Nein**

BEISPIEL 7: SCHWÄCHEN UND STÄRKEN

Jeder Mensch hat Stärken, aber auch Schwächen. Worauf man seinen Fokus lenkt, bleibt jedem Menschen selbst überlassen. Tatsache ist, dass Verlierer eher die Schwächen fokussieren. Die eigene Konzentration kann nicht auf das gelenkt werden, was besonders gut ist und was sie gut können. Diese verbleibt stets bei allem, was schlecht ist und was sie gar nicht können.

Verlierer sind dazu in der Lage, eine lange Liste an Schwächen aufzuzählen.

Werden diese aber darum gebeten, ihre eigenen Stärken aufzuschreiben, wird das Blatt fast vollkommen leer bleiben. Oftmals beschreiben Verlierer auch Dinge als Stärken, die eigentlich Schwächen darstellen. Folgende Dinge können Verlierer für ihre Stärken halten, obwohl es Schwächen sind:

- Gehorsam sein
- Ruhig sein
- Kritik üben
- Nicht widersprechen
- Und noch vieles mehr

Wer ruhig ist, bleibt stets im Hintergrund und wird sich nicht trauen, auch mal die eigene Meinung zu sagen. Wer gehorsam ist, wird sich nur sehr selten bis gar nicht durchsetzen können. Demzufolge sind solche Menschen auch eher Mitläufer und können ihr eigenes Ding nicht durchziehen. Wer Kritik übt, wird nur die Fehler anderer suchen und nie seine eigenen wahrnehmen oder wahrhaben wollen. Demzufolge arbeitet er auch nicht an sich selbst.

Der Spieß wird also umgedreht und die eigentlichen Schwächen werden zu Stärken. Es ist eben einfacher, so zu tun, als hätte man viele Stärken, als sich seine Schwächen einzugestehen und an sich zu arbeiten.

Ein Verlierer wird immer den Weg wählen, welcher für ihn am einfachsten ist. Widerstand wird stets vermieden, denn an sich zu arbeiten, ist schließlich nicht so toll. Die Schuld bei anderen zu suchen, ist auch viel einfacher, als sich die eigene einzugestehen. Ein Verlierer wird sich auch nie eingestehen, dass er selbst Schuld daran trägt, wenn er sich nicht durchsetzen oder seine Meinung sagen kann.

Gewinner vermeiden es konsequent, anderen Menschen die Schuld in die Schuhe zu schieben. Sie schauen direkt bei sich selbst, warum sie in manchen Bereichen Schwächen haben und wie sie an diesen arbeiten können. Der Fokus liegt aber generell auf deren Stärken. Immerhin zieht es einen Menschen nur runter, wenn man sich auf die Schwächen konzentriert. Wenn man sich aber immer wieder vor Augen hält, was man bereits gut kann, verhilft man sich selbst zu neuer Energie und Motivation.

Ein Gewinner ist sich zudem auch bewusst, dass er auch Schwächen hat und nicht perfekt sein kann. Er wird aber nicht diese „Fehler" beseitigen wollen, sondern stets daran arbeiten, seine Persönlichkeit wachsen zu lassen. Fehler wird ein Mensch sein ganzes Leben lang haben und machen. Es spielt dabei nicht einmal eine Rolle, wie stark man versucht, diese zu beseitigen. Gewinner schenken daher den eigenen Stärken eher Beachtung und arbeiten daran, diese auszubauen.

Liegt Ihre Konzentration hauptsächlich auf Ihren Stärken und arbeiten Sie daran, diese noch mehr auszubauen?

Ja **Nein**

BEISPIEL 8: OPTIMIST ODER PESSIMIST

Welche Einstellung wir zum Leben an sich haben, sagt auch sehr viel darüber aus, ob wir eher ein Gewinner oder doch ein Verlierer sind. Ein Verlierer ist ein wahrer Pessimist, denn er wird immer nur die schlechten Dinge des Lebens sehen. Damit zieht er ganz besonders sich selbst, aber eben auch andere Personen aus seinem Umfeld mit herunter. Verlierer haben stets und ständig etwas am Geschehen auszusetzen, egal, was überhaupt passiert ist. Dabei spielt es auch keine Rolle, ob es sich um negative oder positive Dinge handelt.

Fahren Verlierer in den Urlaub, so können sie sich gar nicht so richtig darauf freuen. Durch ihren Pessimismus denken sie von Anfang an daran, dass es ihnen nach dieser Zeit wieder schlecht auf der Arbeit ergehen wird. Hinzu kommt, dass Verlierer oftmals auch von der langen Fahrt genervt sind. Die Angst, dass das Wetter schlecht werden könnte, ist zudem sein alltäglicher Begleiter, wodurch der Gedanke aufkommt, dass sich dieser Urlaub gar nicht lohnt. Er wird dann wahrscheinlich den Entschluss fassen, dass der Urlaub nur herausgeschmissenes Geld sein wird und er sich diesen doch sparen könnte. Und all das passiert, obwohl es noch gar kein negatives Ereignis gab.

Ein Gewinner hingegen ist ein wahrer Optimist. Er wird sein Leben mit Leichtigkeit meistern und sich über alle guten Dinge freuen. Zudem wird ihm nie in den Sinn kommen, in eben diesen Dingen das Negative herauszupicken. Seinen Urlaub kann er wunderbar genießen und macht sich dabei auch keinerlei Gedanken über das Wetter oder wie lange die Anreise dauert. Wozu auch? Immerhin würde das nur die positive Stimmung schmälern und einen herunterziehen.

Ein Optimist beschäftigt sich erst mit negativen Ereignissen, wenn sie tatsächlich eingetreten sind. Und auch dann wird er immer optimistisch bleiben, schließlich ändert eine negative Einstellung zum Geschehen auch nicht, was passiert ist. Jeder Mensch hat immer die Wahl, wie er dem Problem entgegentreten möchte: pessimistisch oder optimistisch.

Für einen Gewinner sind die Probleme auch nicht unlösbar. Sie sehen diese eher als eine Herausforderung an. Gewinner wissen, dass sie durch den Glauben an sich selbst alles erreichen können, was sie sich vornehmen.

Sind Sie jemand, der stets versucht, optimistisch zu bleiben, sich von nichts und niemandem unterkriegen lässt und Probleme eher als eine Herausforderung betrachtet?

Ja **Nein**

BEISPIEL 9: REDE UND HANDLUNG

Jeder Mensch hat Träume und Wünsche. Gewinner realisieren diese und Verlierer werden diese ewig weiter träumen.

Verlierer haben leider die Angewohnheit, viel zu reden, aber wenig zu handeln. Sie kümmern sich nicht darum, wie sie ihre eigenen Träume verwirklichen können, sondern verharren stets in ihren Gedanken. Die eigene Zeit wird nicht für sinnvolle Dinge genutzt, sondern dafür verschwendet, über das nachzudenken, was sie nicht haben und doch so gerne hätten. Sollten Sie doch einmal etwas unternehmen, um ihre Träume zu verwirklichen, kehren sie schon beim kleinsten Hindernis wieder um. Dann wird sich wieder beschwert, dass sie die eigenen Ziele eh nicht erreichen können.

Jeder Mensch entscheidet selbst, wie weit entfernt oder wie schnell ein Ziel erreichbar ist. Dementsprechend liegt es auf der Hand, dass sich Verlierer immer dafür entscheiden werden, dass Ihre Ziele unerreichbar bleiben, sie sind faul und glauben auch nicht an sich selbst. Das ist auch der Grund, weshalb Verlierer sehr viel reden, aber wenig handeln.

Betrachtet man die Gewinner, so wird man schnell feststellen, dass diese alles dafür unternehmen, dass sie ihre Ziele erreichen und sich die eigenen Träume erfüllen. Auch einen Gewinner wird man immer wieder mal davon reden hören, was er in seinem Leben erreichen möchte. Allerdings macht er das nicht, um seinen Tagträumen nachzujagen oder um sich zu beschweren, dass er manche Dinge noch nicht erreicht hat. Durch das Reden findet er Wege, wie er handeln kann, um sich seine Träume und Wünsche zu erfüllen. Damit ihm dies gelingt, ist das Reden, um Wege zum Handeln zu finden, auch der erste und wichtigste Schritt in die richtige Richtung.

Er wird sich zudem niemals einfach nur vorstellen, wie schön dieses oder jenes Leben wäre, er arbeitet hart daran, damit er genau dieses Leben leben kann. Er redet auch nicht einfach nur darüber, wie großartig er es doch fände, wenn er sein eigenes Unternehmen gründet und somit sein eigener Chef sein könnte. Er macht es einfach. Außerdem wird man von ihm auch keinerlei Beschwerden hören, dass seine Ziele doch so unerreichbar sind. Er wird Strategien entwickeln, um seinen Zielen näher zu kommen.

Wie ist es bei Ihnen? Reden Sie nur oder handeln Sie, damit sich Ihre Träume und Wünsche erfüllen und Sie letztlich Ihre Ziele erreichen?

Ja **Nein**

BEISPIEL 10: SICH UM DIE EIGENE PERSON UND UM ANDERE KÜMMERN

Ein Verlierer legt sehr viel Wert darauf, was andere Menschen von ihm denken könnten. Sein Fokus liegt daher oftmals nicht auf sich selbst, sondern immer bei anderen Menschen. Eine seiner größten Schwächen ist daher, dass er anderen immer alles recht machen und ihnen gefallen will. Da sein Selbstwertgefühl so gering ist, muss er die Bestätigung ständig im Außen suchen. Zudem möchte er um jeden Preis Liebe und Anerkennung erfahren, wodurch er dazu neigt, sich diese verzweifelt zu erkaufen. Indem er sich vollkommen für andere aufopfert, gelingt ihm das tatsächlich. Sich selbst vernachlässigt er jedoch dabei. In seinen Gedanken redet er sich immer wieder ein, dass er es sowieso nicht wert ist, von anderen geliebt zu werden. Mit allen Kräften, die er aufbringen kann, versucht er stets und ständig bestimmte Bedingungen zu erfüllen, denn nur so können andere ihn lieben.

Wer einen gesunden Verstand hat, weiß, dass Liebe und Anerkennung so niemals funktionieren können. Einem Verlierer ist dies jedoch vollkommen gleichgültig. Für Wertschätzung durch andere sind Verlierer stets zu allem entschlossen. Hier ist nicht auszuschließen, dass darauf irgendwann ein Abhängigkeitsverhältnis wird. Das ist nicht nur ungesund, sondern hochgradig gefährlich, ein Verlierer wird dies jedoch nicht einsehen.

Ein Verlierer hat schon nicht viel Energie und dennoch schenkt er anderen so viel, dass letztendlich kaum noch Energie für ihn selbst zur Verfügung steht. Die Folge ist, dass er sich selbst vollkommen kaputt spielt.

Gewinner sind in dieser Hinsicht vollkommen anders gestrickt. Sie wissen, dass sie sich in erster Linie um sich selbst kümmern müssen, bevor sie anderen helfen. Dementsprechend handeln sie auch. Er zeigt sich ganz klar und deutlich, dass er es sich selbst wert ist, dass er sich um sich selbst kümmert. Sein Körper und seine Psyche erfahren daher eine sehr gute Pflege. Ihm ist bewusst, dass er nur funktionieren kann, wenn er zu sich selbst gut ist. Ein vertrauter Begriff ist für ihn daher die Selbstliebe. Wenn es ihm seelisch und körperlich gut geht, kann er auch für andere Menschen da sein. Es würde ihm zudem niemals in den Sinn kommen, sich die Liebe anderer zu erkaufen. Wenn ihn jemand mag, freut er sich darüber. Wenn andere ihn nicht mögen, kann er sehr gut damit umgehen. Seinen Fokus richtet er daher lieber auf sich und die Menschen, die ihm etwas bedeuten.

Können Sie für sich geradestehen und kümmern Sie sich um sich, ehe Sie sich um andere kümmern? Und ist es Ihnen egal, was andere von Ihnen denken können?

Ja **Nein**

BEISPIEL 11: ANSPRÜCHE UND GRENZEN

Ein Verlierer hat es gerne so bequem wie möglich, weshalb er auch seine Komfortzone nur sehr selten und ungern verlässt. Das ist auch der Grund dafür, weshalb sie sich Grenzen setzen, die nicht überschritten werden sollen. Eine Möglichkeit ist, dass sie Angst davor haben, diese zu überschreiten, denn immerhin haben sie ein geringes Selbstwertgefühl oder aber es ist ihnen viel zu anstrengend. Auf ihrem Lebensweg wollen sie keinerlei Hindernisse oder Widerstände spüren. Durch diese Grenzen, welche sie sich selbst auferlegen, werden zudem Hindernisse und Widerstand vermieden.

Dadurch haben Verlierer aber auch keinerlei Chance, über sich selbst hinauszuwachsen und sich weiterzuentwickeln. Ein Gewinner hingegen verlässt seine Komfortzone sehr gerne. Er hat hohe Ansprüche an sein Leben und auch an sich selbst. Natürlich sind diese dankbar für ihr Leben und für all das, was sie bereits erreicht haben. Und doch wissen sie auch, dass es nach oben immer noch Luft gibt. Genau das wollen sie auch ausnutzen. Ein Gewinner wird zudem niemals auf der Stelle stehen bleiben, denn er möchte sich weiterentwickeln. Grenzen sind für ihn etwas, das man überschreiten darf und muss, wenn man sein Traumleben erreichen möchte. Dafür muss man nun einmal über seinen eigenen Schatten springen und die Komfortzone verlassen.

Tatsache ist, dass es niemals leicht ist, Grenzen zu überschreiten. Hier können auch Gewinner Angst verspüren. Allerdings geben sie dieser Angst nicht die Kontrolle über ihr Leben, sondern ergreifen immer das Zepter, um für die eigenen Träume zu kämpfen. Gewinner wissen ganz genau, dass es sich auszahlen wird, wenn sie für ihre Ziele kämpfen und die Grenzen überschreiten, auch wenn sie keine hohen Ansprüche an das eigene Leben stellen.

Sind sie dazu bereit, Ihre Komfortzone zu verlassen und Grenzen zu überschreiten? Wollen Sie für Ihre Träume und Wünsche kämpfen?

Ja **Nein**

BEISPIEL 12: ETWAS ERSCHAFFEN ODER DOCH LIEBER KAUFEN?

Tatsache ist, dass jeder Mensch beide Dinge macht und in seinem Leben auch braucht. Welchen Fokus man darauf aber setzt, liegt immer bei jedem Menschen selbst.

Verlierer richten ihren Fokus stets auf das, was man kaufen kann. Dementsprechend geben sie auch sehr viel Geld aus und erfüllen sich die aktuellen Wünsche auch immer sofort. Dabei können sie auch nicht an das große Ganze denken.

Disziplin sucht man bei einem Verlierer vergebens, denn diese ist nur in sehr geringen Maßen oder auch gar nicht vorhanden. Es werden beispielsweise teure Kleidungsstücke gekauft, ohne den Blick auf das große Ganze zu lenken. Dementsprechend wissen Verlierer auch nicht, dass diese teuren Kleidungsstücke eher unwichtig sind. Für die großen Träume und Wünsche sparen sie somit auch eher nicht.

Dass hier unnötig konsumiert wird, liegt jedoch nicht nur an der mangelnden Disziplin. Ein weiterer Grund ist, dass der Verlierer so versucht, die Leere auszufüllen. Durch seine Lebensart ist ein Verlierer fast immer unglücklich, wodurch er eine sehr tiefe Leere verspürt. Und genau diese wird dann durch den unnötigen Konsum versucht zu füllen. Dass die gekauften Dinge aber nur kurzfristig glücklich machen, sehen Verlierer nicht ein. Wer langfristig glücklich sein will, muss vor allen Dingen an sich selbst arbeiten und etwas in seinem Leben verändern. Aber Sie wissen es wahrscheinlich schon: Das machen Verlierer nicht. Das Geld wird sozusagen zum Fenster hinausgeworfen und nicht für sinnvolle Dinge angelegt.

Und wie soll es auch anders sein, ist das bei einem Gewinner anders. Er hat jede Menge Disziplin und kann sein Geld zusammennehmen. Er wird niemals auf die Idee kommen und die innere Leere, welche er zudem eher selten verspürt, mit materiellen und vor allem sehr teuren Dingen zu füllen. Zudem wird er auch sehr selten Dinge kaufen, von denen er überzeugt ist, dass er sie auf kreative Art und Weise auch selbst kreieren kann. Diese Dinge können ihm selbst und auch anderen etwas Gutes tun. Gewinner wissen, dass materieller

Besitz niemals auf Dauer glücklich macht. Daher sind Gewinner auch eher Macher und schaffen sich vieles selbst.

Wie ist es bei Ihnen? Achten Sie darauf, was Sie konsumieren und schaffen Sie sich viele Dinge selbst?

Ja **Nein**

AUSWERTUNG

Anzahl „Ja"	Auswertung
1 - 3 x	Wenn Sie nicht mehr als dreimal ja angekreuzt haben, so sagt das aus, dass Sie ein sehr geringes Selbstwertgefühl haben. In den meisten Situationen Ihres Lebens werden Sie sich unsicher fühlen. Zudem haben Sie auch das Gefühl, dass die ganze Welt gegen Sie ist und Sie sowieso nichts erreichen können. Fakt ist, dass Sie sehr stark an Ihrem Selbstwertgefühl arbeiten müssen, um letztendlich auch als Gewinner durchs Leben gehen zu können.
4 - 6 x	Es gelingt Ihnen, in manchen Situationen selbstsicher aufzutreten und auch mal an sich selbst und Ihr Leben zu glauben. Leider kommen diese immer noch sehr selten vor. Um Ihr Selbstwertgefühl zu stärken, können Sie noch viel mehr an sich arbeiten. Versuchen Sie immer wieder an die Fragen zu denken, welche Sie bereits mit ja beantworten konnten. Sie können stolz auf sich sein, denn in diesen Situationen handeln Sie bereits wie wahre Gewinner. Wie fühlt es sich für Sie an? Ich denke, dass dies ein sehr gutes Gefühl sein wird. Und genau dieses Gefühl sollten Sie als Motivationsquelle nutzen, damit Sie weiterhin an sich arbeiten können. Wenn Ihnen das gelingt, können Sie genau das in jeder Situation fühlen und ein Gewinner sein.

7 - 9 x	Herzlichen Glückwunsch! Sie sind bereits auf einem sehr guten Weg. Als Gewinner fühlen Sie sich bereits in sehr vielen Situationen, das lässt auf ein relativ hohes Selbstwertgefühl schließen. Und doch gibt es die eine oder andere Situation, in welcher Ihr Selbstwertgefühl nicht mehr so stark ist, wodurch Sie verunsichert sein können. Mit etwas Übung gelingt es Ihnen, den Unterschied zwischen Situationen, in denen Sie sich als Verlierer fühlen, zu jenen Situationen, in welchen Sie sich als Gewinner fühlen, festzustellen. So können Sie an sich arbeiten und Ihr Selbstwertgefühl steigern, um sich tatsächlich immer als Gewinner zu fühlen und nicht nur manchmal.
10 - 12 x	Sie haben ein sehr gesundes Selbstwertgefühl und meistern fast jede Herausforderung wie ein wahrer Gewinner. Gewinner wollen natürlich niemals auf der Stelle stehen bleiben, sondern sich immer weiterentwickeln. Auch wenn Sie bereits jede Frage mit ja beantworten konnten, ist das kein Grund, dass Sie nun das Buch zur Seite legen. Sie glauben, dass Sie nun das Ziel erreicht haben, aber da muss ich Sie enttäuschen, denn dieses Ziel gibt es nicht. Sie haben immer noch Wachstumspotenzial und somit wird auch immer Luft nach oben bleiben. Jeder Mensch kann immer an sich arbeiten. Dabei spielt es keine Rolle, ob man bereits ein Gewinner ist.

Kapitel 7 Wenig Selbstbewusstsein - Folgen

Sicherlich wissen Sie bereits, dass man durch ein geringes Selbstwertgefühl niemals das Leben leben kann, welches man sich eigentlich wünscht. Außerdem leiden im Privatleben, Berufsleben oder Beziehungen auch andere Menschen unter dem geringen Selbstwertgefühl eines Menschen. Das klingt nicht gerade schön, aber ich kann Ihnen versichern, dass sich das mit viel Übung verändern lässt. Leider ist es aber auch so, dass mangelndes Selbstwertgefühl zu schlimmen Erkrankungen führen kann und sich Betroffene in sogenannten Teufelskreisen befinden. Um Sie noch mehr zu motivieren, Ihr Selbstwertgefühl zu stärken, möchte ich Ihnen daher auch die Folgen von mangelndem Selbstwertgefühl erläutern.

7.1 PSYCHISCHE ERKRANKUNGEN

Menschen, die beispielsweise an Depressionen leiden, können durch diese auch einen Mangel an Selbstwertgefühl haben. Es ist aber noch wahrscheinlicher, dass durch mangelndes Selbstwertgefühl überhaupt erst Depressionen oder andere psychische Erkrankungen entstehen.

Wenn es tatsächlich so weit kommt, dass ein Mensch durch diesen Mangel an Selbstwertgefühl an psychischen Erkrankungen leidet, besteht die Aufgabe nicht nur darin, dieses Selbstwertgefühl zu steigern, damit man beispielsweise im Job mehr Anerkennung bekommt. Vielmehr geht es darum, dass man lernt, sich vor noch viel schwereren Folgen zu schützen. Im schlimmsten Fall können Depressionen beispielsweise zu Selbstmord führen.

Aber nicht nur die Depression zählt zu einer schweren psychischen Erkrankung, welche beispielsweise durch mangelndes Selbstwertgefühl ausgelöst wird. Man kann auch an Burnout erkranken. Schwierige und stressige Situationen können einem jegliche Kraft rauben, wodurch man sich letztendlich ausgelaugt fühlt. Wenn ein Mensch ein gesundes Selbstwertgefühl hat, ist er durchaus dazu in der Lage, eben diese schwierigen Phasen zu meistern. Herrscht dieses nicht vor, fühlt sich die Person sehr schnell überfordert. Das wiederum endet im allerschlimmsten Fall in einem Burnout.

Auch der sehr hohe Konsum von Alkohol kann durch geringes Selbstwertgefühl verursacht werden. Wenn ein Mensch sich selbst nicht leiden kann, findet er es unerträglich, das ganze Leben mit sich selbst verbringen zu müssen. Er wird sich stets und ständig wertlos fühlen und fest daran glauben, dass er nicht gebraucht wird. Sie können sich sicher vorstellen, dass er dadurch einen enormen seelischen Schmerz verspürt. Diesen versucht er dann mit Alkohol zu ertränken. Leider wirkt dieser nur für einen bestimmten Zeitraum, wodurch die betroffene Person immer wieder neu zum Alkohol greifen muss, damit das betäubende Gefühl länger anhält. Aus einem unsicheren Menschen wird so nach und nach ein Alkoholiker.

Ebenfalls zu den psychischen Erkrankungen zählen Zwangsstörungen. Hat ein Mensch keinen Halt sowie keine Kontrolle in seinem Inneren, wird er beides in seiner Außenwelt suchen. Hierbei können neurotische Angewohnheiten entstehen. Die Kaffeemaschine muss dann beispielsweise genau 12 Zentimeter vor dem Herd stehen und der Griff so positioniert sein, dass man die Linien für die Anzahl der Kaffeetassen genau sehen kann. Auf diese Art und Weise bekommen die Betroffenen ein Gefühl von Kontrolle. Sie glauben dann, ihr eigenes Leben im Griff zu haben. Leider ist hier aber das Gegenteil der Fall, denn der Betroffene leidet dann nicht nur unter geringem Selbstwertgefühl, sondern auch noch unter einer Zwangsstörung.

7.2 PHYSISCHE ERKRANKUNGEN

Ja, auch auf ein mangelndes Selbstwertgefühl können manche physische Erkrankungen zurückgeführt werden. Wenn sich eine Person wertlos fühlt, wird sie sich selbst vernachlässigen und sich nicht mehr um sich kümmern. Somit zieht diese Person auch Krankheiten magisch an.

Es ist daher nicht ungewöhnlich, dass Menschen mit geringem Selbstwertgefühl an Übergewicht leiden. Das Interesse gilt hier nicht dem eigenen Körper und der eigenen Gesundheit. Es wird auch nicht auf die gesunde Ernährung geachtet. Leider wird dann viel zu viel und fast nur ungesundes Essen zu sich genommen. Ein solcher Lebensstil hat auch immer wieder Auswirkungen auf die Gesundheit und das Körpergewicht.

Hinzu kommen plötzliche Fressattacken, welche ebenfalls dafür sorgen, dass das Gewicht in die Höhe steigt. Wenn sich also eine betroffene Person schlecht fühlt und sich nicht leiden kann, versucht sie dies mit den Fressattacken auszugleichen. Das Essen von Schokoladenkuchen, so ist es vielen Menschen bereits bekannt, führt dazu, dass man sich glücklich fühlt. Ein gesunder Mensch wird natürlich nur ein oder vielleicht sogar zwei Stückchen Schokoladenkuchen essen. Wer aber unter geringem Selbstwertgefühl leidet, braucht von dem Schokoladenkuchen noch viel mehr.

Hinzu kommt, dass der übermäßige Zuckerkonsum weitere Krankheiten hervorbringt wie beispielsweise Diabetes.

An dieser Stelle möchte ich klarstellen, dass geringes Selbstwertgefühl auch zu Untergewicht führen kann. Die betroffene Person möchte beispielsweise die Kontrolle über ihren eigenen Körper haben. Sie möchte so ausgleichen, dass sie die Kontrolle über ihren Selbstwert nicht hat. Zudem glaubt diese Person auch, dass sie durch die Abnahme mehr Selbstwertgefühl erlangen kann. Es beginnt ein langer Weg des Herunterhungerns. Dadurch haben die Personen das Gefühl, ein wenig Kontrolle über ihr chaotisches Leben zu erlangen. Und auch hier ist es klar, dass dies nicht wahr ist. Wahrer Selbstwert kommt nicht von außen, den trägt man bereits tief in seinem Inneren. Wenn man sich selbst und seinen eigenen Körper liebt, zeigt man sich das nicht durch herunterhungern oder überfressen. Beides beschert einem kein stärkeres Selbstwertgefühl, sondern sorgt eher dafür, dass dieses noch niedriger sein wird.

7.3 GEGENSEITIGE ABLEHNUNG

Menschen mit geringem Selbstwertgefühl lehnen sich selbst sehr stark ab. Dadurch strahlen sie ein negatives Gefühl über sich selbst aus, welches sich letztendlich auch auf andere überträgt. Dies hat zur Folge, dass die anderen ihn ebenfalls ablehnen. Es ist anderen Menschen schier unmöglich, etwas Positives an dieser Person feststellen zu können, wenn diese ihren Fokus selbst auf die eigenen Schwächen legt und sich ständig runterputzt. Diese Menschen machen es anderen schwer, dass man auch die guten Seiten in ihnen erkennen kann. Zudem werden sie auch als anstrengend empfunden. Jeder, der sich mit ihnen umgibt, wird früher oder später in seiner Stimmung ebenfalls heruntergezogen.

Und wenn Sie mal ehrlich sind, möchte sich keiner mit Personen umgeben, die ständig nur zu meckern haben und alles schlechtreden. Durch diesen Kontakt hat man selbst nur schlechte Laune und verspürt ständig Negativität. Demzufolge ist es logisch, dass kaum einer eine solche Person zum Freund haben möchte. Es wird sich daher viel eher eine positive Person gesucht, die immer eine positive Ausstrahlung hat und für gute Laune sorgt. Es liegt nun auf der Hand, dass Personen, welche ein geringes Selbstwertgefühl haben, abgelehnt werden.

Ein Mensch, der sich selbst wertlos fühlt, wird nicht nur von seinen Mitmenschen abgelehnt, sondern lehnt diese auch selbst ab. An dieser Stelle beginnt dann wieder die Suche nach Fehlern, jedoch wird bei allen anderen aber nicht bei sich selbst gesucht. Dann wird auch wieder der Rest der Welt für das mangelnde Selbstwertgefühl verantwortlich gemacht. Alle Menschen sind böse und wollen nur das Schlechteste.

Diese Ablehnung bringt weitere Folgen mit sich. Ein schreckliches Beispiel hierfür ist die Kindesmisshandlung. Eine Person, welche enormen Hass auf die Welt verspürt, muss diesen auch irgendwo rauslassen. Leider ist es so, dass dann Kinder oftmals die Leidtragenden sind, denn diese können sich nicht wehren und stehen in ihrem Leben weit unter den Menschen mit geringem Selbstwertgefühl.

Ich möchte ganz stark betonen, dass nicht jeder Mensch, welcher an geringem Selbstwertgefühl leidet, Kinder misshandelt. Ich möchte damit lediglich sagen, dass es aber dazu kommen kann.

Oftmals machen diese Personen Kinder auch für ihr eigenes Unglück verantwortlich. Immerhin sucht man die Fehler bei anderen und nicht bei sich selbst. Die Person mit mangelndem Selbstwertgefühl entwickelt dann Wut gegenüber dem Kind und lehnt dieses sehr stark ab.

Hinzu kommt, dass man durch mangelndes Selbstwertgefühl auch zu einem Narzissten werden kann. Diese kommen auf den ersten Blick natürlich so rüber, dass sie sehr selbstbewusst sind, doch ein Blick hinter die Kulissen verrät, dass diese gar nicht so selbstbewusst sind und ihr Auftreten und Verhalten nur zum Selbstschutz dient. Narzissten sind tief in ihrem Inneren eigentlich sehr unsicher. Darunter kann nicht nur das eigene Kind leiden, sondern auch Partner, Freunde und sogar die Kollegen. Die Masche eines Narzissten ist, einen anderen Menschen erst einmal um den Finger zu wickeln, um ihn letztlich zerstören zu können. Es ist immer wieder die Rede davon, dass es toxische Beziehungen gibt. An dieser Stelle fragt man sich, wie ein Mensch nur so schrecklich mit einem anderen umgehen kann, obwohl er diesen ja angeblich liebt. Die Antwort darauf kann ein mangelndes Selbstwertgefühl sein, durch welches man zu einem toxischen Part der Beziehung wird.

7.4 DIE EIGENEN LEISTUNGEN LASSEN STARK NACH

Nicht nur die Gesundheit und die Beziehungen zu Menschen werden durch mangelndes Selbstwertgefühl beeinträchtigt, sondern auch die eigenen Leistungen und deren Qualität. Durch geringes Selbstwertgefühl werden die Leistungen schwächer. Wer gute Leistungen erbringen will, muss vor allem an sich selbst glauben und auch dazu bereit sein, an sich selbst zu arbeiten. Wer ein geringes Selbstwertgefühl hat, macht beides nicht. Der Grund dafür ist, dass man nicht an die Stärken glaubt, und somit auch nicht an sich selbst arbeiten möchte. Wer denkt, dass alles an ihm sowieso schlecht ist, der glaubt auch, dass es sich nicht lohnen wird, irgendwas zu versuchen. Demzufolge erscheint ihm das Aufgeben viel einfacher.

Wenn man aber nicht an sich glaubt oder an sich arbeiten möchte, kann man auch keine Leistungen erbringen. Somit hat man nicht die Möglichkeit, sich überhaupt zu verbessern. Tatsache ist auch, dass die Personen, wenn sie in etwas wirklich gut sind, sehr stark vom Gegenteil überzeugt sind. Demzufolge schaffen sie auch Aufgaben nicht mehr, die sie eigentlich bewältigen können.

Je mehr die Leistungen eines Menschen abbauen, desto schwerer werden die Folgen. Sie können den Job verlieren, in Depressionen verfallen oder eine Trennung hervorrufen.

7.5 JEDE MENGE TEUFELSKREISE UND ABWÄRTSSPIRALEN

Es ist eine traurige Tatsache, dass geringes Selbstwertgefühl immer mehr Abwärtsspiralen mit sich bringt und der Mensch so in ständige Teufelskreise hineingerät.

Schauen wir uns zum Beispiel einen Koch an: Dieser glaubt, dass er nicht kochen kann und zweifelt sehr stark an sich. Dementsprechend lassen auch seine Leistungen immer mehr nach. Das lässt ihn wiederum noch mehr an sich selbst zweifeln, wodurch auch seine Leistungen noch schwächer werden. Sie sehen also, dass es in dieser Spirale immer weiter nach unten geht. Der Koch befindet sich in einem wahrhaften Teufelskreis. Tatsache ist, dass solche Abwärtsspiralen auch in anderen Lebensbereichen entstehen können. Dazu möchte ich Ihnen ein weiteres Beispiel vorstellen:

Maria hat ein sehr niedriges Selbstwertgefühl. Als sie in einer Bar sitzt und ihren Traummann sieht, nimmt sie allen Mut zusammen, um diesen anzusprechen. Dieser erteilt ihr allerdings eine Abfuhr, indem er erklärt, dass er schon seit sechs Jahren in einer festen Beziehung ist und daher kein Interesse hat.

Maria nimmt dies sofort persönlich, wodurch ihr Selbstwert noch viel tiefer sinkt. Ab diesem Moment traut sie sich nicht mehr, andere Männer anzusprechen. Sie ist davon überzeugt, dass sie es sowieso nicht wert ist, dass ein Mann sie liebt.

Und je länger sie dann ohne festen Freund ist, desto mehr wird sie in diesem negativen Glaubenssatz bestärkt und wird sich auch wertloser fühlen. Und je wertloser sie sich dann fühlt, desto mehr wird sie sich auch zurückziehen. Dementsprechend hat sie auch keine Chancen mehr, andere Leute, geschweige denn Männer kennenzulernen und anzusprechen. Dadurch entsteht ein noch größerer Selbstwertmangel. Sie wird nun nur noch für die allernötigsten Dinge aus dem Haus gehen und dadurch sind die Chancen, dass sie andere Personen, in dem Falle Männer, kennenlernt, noch viel geringer. Nun ist sie in einer regelrechten Abwärtsspirale gefangen.

Kapitel 8 Schritt für Schritt das eigene Selbstwertgefühl steigern

Jetzt haben Sie sich einiges an neuem Wissen über das Selbstwertgefühl angeeignet. Mit diesem Wissen können Sie nun in ein neues, besseres Leben starten. Doch das soll nicht alles sein, denn ich habe zusätzlich ein gut durchdachtes Training für Sie vorbereitet, welches Sie dabei unterstützen soll, Ihr Selbstwertgefühl zu steigern.

In insgesamt zehn Schritten möchte ich Sie dabei unterstützen. Es wird Ihnen ausführlich erklärt, welchen Schritt Sie gehen müssen, um Ihren Selbstwert zu stärken. Doch es soll nicht nur bei diesen zehn Schritten bleiben. Zusätzlich erhalten Sie eine sehr konkrete Praxisanleitung, die Ihnen verrät, was als Nächstes zu tun ist. Somit sind Sie niemals hilflos oder allein gelassen. Besonders in der Anfangszeit kann es sehr hilfreich sein, wenn man etwas oder jemanden hat, der einen auf dem Weg unterstützt.

Wichtig ist, dass Sie sich vor Augen halten, dass nicht nur das Lesen dieser nächsten Schritte Sie zu einem selbstsicheren Menschen macht. Wenn Sie die Schritte lesen, finden Sie zwar heraus, was zu tun ist, aber Sie steigern damit noch nicht Ihren Selbstwert. Auch hier ist das Lesen wieder nur der Anfang. Wenn Sie tatsächlich Erfolge erzielen wollen, ist es ratsam, die zahlreichen Praxistipps und Anleitungen auch in die Tat umzusetzen. Nur so werden Sie es schaffen und Ihr noch geringes Selbstwertgefühl zu einem gesunden entwickeln können.

Die wichtigste Regel ist, dass Sie sich auf Ihrem Weg Zeit lassen. Manche Menschen mögen vielleicht bereits nach ein paar Wochen all die Schritte durchgegangen sein, bei anderen kann es aber auch Monate dauern. Finden Sie für sich heraus, welches Tempo angemessen ist. Es macht überhaupt nichts, wenn Sie bei manchen Dingen etwas langsamer sind, denn immerhin und das sollten Sie sich regelmäßig vor Augen führen, geht es darum, die komplette

Lebenseinstellung zu verändern, damit Sie mehr Selbstwertgefühl erlangen können. Und genau diese Umstellung kann bei manchen Menschen etwas länger dauern.

Zudem bringt es auch nichts, dass man durch diese zehn Schritte hindurch hetzt. So kann man den Inhalt nicht verinnerlichen und es besteht die Wahrscheinlichkeit, dass man A) nichts ändert oder B) wieder rückfällig wird und von vorne anfangen muss.

Es ist also vollkommen in Ordnung, wenn Sie sich die Zeit nehmen, die Sie brauchen. Behandeln Sie jeden dieser Schritte bewusst und intensiv. Ganz wichtig ist, dass Sie dabei immer an sich selbst glauben. Sie können und werden es schaffen, Ihr eigenes Selbstwertgefühl zu stärken, Sie müssen nur am Ball bleiben.

SCHRITT 1: URSACHEN FINDEN

Bevor man sein Selbstwertgefühl tatsächlich stärken kann, muss man erst einmal herausfinden, warum dieses überhaupt so niedrig ist. Das ist nicht ohne Grund so. Vielleicht gab es eine bestimmte Situation oder eine Person, durch welche dieses ausgelöst wurde. Manchmal spielen aber auch viele verschiedene Ereignisse eine Rolle. Daher ist es umso wichtiger, gleich zu Beginn die Ursachen herauszufinden. Wenn man versucht, sein Selbstwertgefühl zu steigern, ohne dass man überhaupt weiß, woher der geringe Selbstwert kommt, wird man nur das Symptom behandeln, aber nicht die Ursache beseitigen. Die beste Lösung ist, wenn man sich beiden Dingen widmet, also dem Symptom und der Ursache. Wenn vergangene Ereignisse und momentane Situationen erarbeitet werden, indem man verschiedene Übungen in den Alltag integriert, kann man seinen Selbstwert am ehesten steigern.

Bevor es nun mit den Übungen weitergeht, möchte und muss ich Ihnen noch etwas Wichtiges sagen: Wenn Sie durch die Übungen merken, dass Sie das Ganze überfordert oder Sie keinerlei Ideen haben, wie Sie damit umgehen sollen, ist es sehr ratsam, sich professionelle Unterstützung zu suchen. Traurige Tatsache ist, dass ein schwaches Selbstwertgefühl manchmal auch durch traumatische und schlimme Erlebnisse entstehen konnte. Diese wurden wahrscheinlich ganz lange verdrängt. Wenn man sie nun an die Oberfläche holt, kann das sehr schnell zu Überforderung führen. Wenn dies der Fall ist, weiß ein Psychotherapeut am besten, wie man an diese Sachen herangehen sollte. Halten Sie sich immer wieder vor Augen, dass Sie durch einen solch schweren Prozess niemals allein gehen müssen, wenn Sie das nicht möchten.

Übung 1: Vergangenheitsmeditation

Bei dieser Übung werden Sie in Ihren Gedanken in die Kindheit zurückreisen und somit verschiedene Ereignisse noch einmal neu erleben. Sie werden sich an verschiedene Erlebnisse aus Ihrer Kindheit erinnern. Dabei sollte die Konzentration auf einschneidenden Erlebnissen, welche Sie in irgendeiner Art und Weise geprägt haben, liegen.

Gleiten Sie in Ihren Gedanken von der Kindheit zur Jugend, von der Jugend ins Erwachsenenalter und dann in die Gegenwart. Es ist sehr wahrscheinlich, dass Ihnen beim ersten Mal nicht sehr viele Ereignisse einfallen. Es empfiehlt sich, dass man diese Meditation einmal täglich nach dem Aufstehen oder auch vor dem Schlafengehen macht. So können Sie ein Gefühl dafür bekommen und einige Aha-Momente erleben.

Sie sollten sich immer ungefähr 15 Minuten Zeit für die Meditation nehmen. Je öfter Sie die Meditation anwenden, desto länger und intensiver wird es möglich sein. Anfangs reichen aber 10 oder 15 Minuten vollkommen aus.

Suchen Sie sich einen Ort, an dem Sie ungestört sind. Machen Sie es sich bequem. Sie können sich aussuchen, ob Sie sitzen oder liegen möchten. Schließen Sie dann Ihre Augen und atmen Sie einige Male tief ein und wieder aus. Achten Sie dabei auf Ihren Körper. Dieser sollte sich komplett entspannen können. Anschließend lenken Sie die Konzentration auf Ihren Atem, so lange, bis Sie tiefenentspannt sind. Jetzt lenken Sie Ihren Fokus auf die Vergangenheit. Beginnen Sie bei Ihrer Kindheit. Es ist dabei nicht wichtig, chronologisch vorzugehen, denn das ist auch nicht möglich. Niemand wird sich an jedes Detail und an jede Reihenfolge von der Geburt bis zum jetzigen Zeitpunkt erinnern können. Lenken Sie die Konzentration einfach auf die gesamte Kindheit. Dabei könnten Ihnen folgende Fragen helfen, um eine Antwort zu finden:

- An welche guten oder schlechten Erlebnisse können Sie sich am besten erinnern (5)?
- Was hat Sie sehr stark verletzt?
- Welches Ereignis hat Sie in einen starken Schock versetzt, den Sie lange verarbeiten mussten?
- Welche Menschen haben Sie am meisten umgeben?
- Waren diese Menschen alle nett oder gab es auch Menschen, die nicht guttaten?
- Wovor hatten Sie Angst?
- Was hat Sie traurig gemacht?
- Welches Ereignis beschäftigte Sie sehr lange und tut es möglicherweise immer noch?
- Was war das Beste, das ihnen passiert ist?
- Was war das Schlimmste, das ihnen passiert ist?

Jetzt ist es an der Zeit, dass Sie den Fokus auf Ihre Jugend lenken. Auch hier können Sie sich diese Fragen stellen. Konzentrieren Sie sich im Anschluss auf Ihr Erwachsenenleben so lange, bis Sie in die Gegenwart zurückkommen.

Beenden Sie nun die Meditation. Sie sollen aber nicht einfach aufhören, sondern sich erneut auf die Atmung konzentrieren und dann die Augen langsam wieder öffnen.

Reflektieren Sie diese Meditation und fragen Sie sich, was Sie herausfinden konnten. Schreiben Sie all Ihre Erlebnisse auf. Das sollten Sie nach jeder Meditation tun, um nichts zu vergessen. Legen Sie das Aufgeschriebene zur Seite und schauen Sie es erst nach einigen Wochen wieder an. Dann werden auch Sie bestimmte Muster oder Zusammenhänge erkennen. Diese werden dabei helfen, die Ursache für Ihr mangelndes Selbstwertgefühl herauszufinden.

Übung 2: Erst beobachten und dann hinterfragen

Hier begeben Sie sich nicht auf den Weg in Ihre Vergangenheit. Der Fokus liegt hier einzig auf der Gegenwart. Auch diese Meditation kann dabei helfen, die Ursachen herauszufinden. Wichtige Bestandteile dieser Übungen sind das Beobachten und das Hinterfragen.

Beobachten Sie sich in Ihrem Alltag und finden Sie heraus, in welchen Situationen Ihr Selbstwert besonders niedrig und wann besonders hoch ist. Tatsache ist, dass dies variieren kann. Beobachten Sie, wie selbstsicher und wertvoll Sie sich in bestimmten Situationen, zu verschiedenen Tageszeiten, mit unterschiedlichen Menschen und Aufgaben sowie verschiedenen Bedingungen fühlen.

Achten Sie ganz besonders darauf, wann der Selbstwert besonders niedrig oder besonders hoch ist. Beobachten Sie, wann Sie sich besonders gut und sicher fühlen. Achten Sie auch darauf, wenn Sie sich besonders schlecht oder unsicher fühlen.

Schreiben Sie auch diese Erkenntnisse auf. Legen Sie diese ein paar Tage oder Wochen zur Seite und lesen Sie sich diese dann wieder durch, um so ein Muster oder eine Verbindung zu erkennen.

Möglicherweise lässt sich bereits nach einer Woche feststellen, dass Sie sich in der Gegenwart einer bestimmten Person sehr unwohl fühlen. Fragen Sie sich, woran das liegen kann, weshalb eine bestimmte Situation oder gar bestimmte Menschen Ihr Selbstwertgefühl sinken lassen oder es sogar stärken. Ist es möglich, dass dieser Freund irgendwann etwas gesagt hat, was Sie triggert? Machte vielleicht irgendwann jemand einen Witz über Ihr Gewicht, welcher Sie sehr stark verletzte, da Sie wahrscheinlich schon als Kind deswegen gemobbt wurden? Fühlen Sie sich vielleicht auf Ihrer Arbeit besonders selbstsicher, da es ihnen schon immer gelungen ist, gute Leistungen zu erzielen? Wenn dies der Fall ist, kann das geringe Selbstwertgefühl durch negative Erfahrungen bezüglich Ihres Körpers entstanden sein.

Schauen Sie sich zudem auch die Ergebnisse von der ersten Übung noch einmal an. Vielleicht können Sie so Zusammenhänge oder Schwankungen Ihres Selbstwerts im Alltag und den Dingen aus der Vergangenheit erkennen.

Fakt ist, dass Sie diese Übungen nicht nur einmal, sondern mehrmals machen sollten. Je länger und intensiver Sie diese machen, desto mehr Klarheit können Sie erlangen. Wenn Sie etwas Geduld haben, wird sich der Grund für das mangelnde Selbstwertgefühl herauskristallisieren.

SCHRITT 2: ERSTELLUNG EINES PLANS, MIT DEM SIE AN DEN URSACHEN ARBEITEN KÖNNEN

Mit dem ersten Schritt haben Sie bereits die Ursache für Ihr geringes Selbstwertgefühl herausgefunden. Doch dieses Wissen allein reicht nicht aus, um das Selbstwertgefühl zu steigern. In diesem Schritt wird es darum gehen, einige Ideen zu sammeln, welche Sie beim Wiederherstellen des Selbstwertgefühls unterstützen können. Mit diesen kann man dann einen konkreten Plan erstellen. Um einen solchen Plan zu erstellen, gibt es verschiedene Ansätze. Ich möchte Ihnen vier Übungen vorstellen, welche ein Teil Ihres Plans werden könnten. Sie können dann selbst entscheiden, ob Sie alle vier Übungen nutzen möchten oder nur eine davon für Sie sinnvoll ist. In erster Linie sollen diese Übungen als Inspiration dienen.

Übung 1: Die Liste

Im ersten Schritt konnten Sie bereits einige Dinge herauskristallisieren. Schreiben Sie diese in einer Liste auf. Gehen Sie dabei auf folgende Punkte ein:

- Was konnten Sie herausfinden?
- Welche Ursachen gibt es?
- In welchem Lebensbereich ist Ihr Selbstwertgefühl gering?
- In welchem Lebensbereich ist Ihr Selbstwertgefühl stark?

Wenn Sie diese Liste angefertigt haben, können Sie überlegen, wie Sie mit diesen Ursachen umgehen und gegen Ihre Probleme vorgehen können.

Beispiel: Möglicherweise bezieht sich Ihr geringes Selbstwertgefühl auf Ihren Körper. Sie wurden schon als Kind wegen Ihrem Gewicht gemobbt. Sie könnten nun zum Beispiel damit beginnen, sich intensiv mit Ihrem Körper zu beschäftigen und mit der Zeit lernen, diesen zu akzeptieren.

Versuchen Sie, sich auf das zu konzentrieren, was Ihnen an Ihrem Körper besonders gut gefällt. Betrachten Sie auch die Makel aus einem anderen Blickwinkel. Vielleicht sehen Sie sich auch übergewichtige Models an. Diese können inspirierend für Sie sein und dazu anregen, es Ihnen nachzumachen und zu Ihrem Körper zu stehen.

Mit der Zeit werden Sie feststellen, dass sich Ihre eigene Sicht auf Ihren Körper verändert und somit den Selbstwert stärkt.

Übung 2: Beseitigen Sie negative Glaubenssätze

Wenn Sie herausfinden konnten, welche Gründe es in der Vergangenheit für Ihr geringes Selbstwertgefühl gab, können Sie dementsprechend auch auf die negativen Glaubensansätze, die Sie im Leben begleiten, stoßen.

Nehmen wir noch einmal das Beispiel mit dem Übergewicht: Der negative Glaubenssatz würde hier lauten: „Nur wenn man dem Schönheitsideal der Gesellschaft entspricht, ist man auch tatsächlich schön." oder „Von anderen wird man nur geliebt, wenn man nicht übergewichtig ist."

Die Übung lautet daher, dass Sie alle negativen Glaubenssätze aufschreiben und dann in positive verwandeln.

Ein **Beispiel**: „Ich werde geliebt, dabei spielt es keine Rolle, ob ich übergewichtig bin oder nicht."

Übung 3: Ein Dankbarkeitstagebuch

Kaufen Sie sich ein kleines Notizbuch. Dieses soll dazu dienen, all das niederzuschreiben, wofür Sie dankbar sind. Leider verlieren Menschen mit geringem Selbstwertgefühl die Dankbarkeit oftmals aus den Augen und sehen nur das Negative. Aber wenn man dankbar ist, kann dies auch zu einem starken Selbstwert verhelfen.

Schreiben Sie alles auf, was Ihnen dazu einfällt. Es können bereits kleine Dinge sein, für die man dankbar ist. Legen Sie das Buch am besten neben Ihr Bett, sodass Sie die kleine Übung am Abend vor dem Schlafengehen durchführen können. So haben Sie auch die Möglichkeit, sich die Punkte vom vergangenen Tag noch einmal durchzulesen.

Übung 4: Mit dem inneren Kind arbeiten

Die Kindheit eines Menschen prägt jeden sehr stark. Leider entstehen in dieser Zeit viele negative Glaubenssätze und man hat auch viele negative Erlebnisse, welche dann zu geringem Selbstwert führen. Setzen Sie sich daher intensiv mit Ihrem inneren Kind auseinander, denn so können die prägenden und vor allem auch negativen Erlebnisse besser verarbeitet werden. Diese Übung eignet sich jedoch am besten für die Zusammenarbeit mit einem Psychotherapeuten.

SCHRITT 3: DEN ERSTELLTEN PLAN IM ALLTAG INTEGRIEREN

Jetzt haben Sie nicht nur die Ursachen herausgefunden, sondern auch noch einen Plan erstellt, mit welchem Sie arbeiten können. Es ist nun wichtig, dass Sie diesen nicht in einer Schublade verschwinden lassen, sondern tatsächlich intensiv mit diesem arbeiten. Es kommt darauf an, für welche Übungen Sie sich entscheiden. Manche können wunderbar in den Alltag einfließen, für andere muss man sich wiederum etwas Zeit nehmen.

Konkrete Übungen sind viel intensiver, wodurch Sie auch viel mehr Ergebnisse erzielen können. Die Übungen für den Alltag sind aber auch wichtig, denn diese geben einem das Gefühl, wie es ist, einen gesunden Selbstwert zu haben. Es bringt niemandem etwas, wenn man zu Hause für sich übt, aber das Selbstwertgefühl verschwindet, sobald man in die Gesellschaft hinausgeht.

Konkrete Übungen

Versuchen Sie, sich ganz genau zu überlegen, wie Sie den Plan umsetzen möchten. Es ist immer besser, erst einmal klein zu beginnen und sich allmählich zu steigern. Sie müssen nicht jeden Ihrer Punkte sofort in die Tat umsetzen. Wer von null auf hundert gehen will, wird ganz gewiss scheitern, denn so ist es nicht zu vermeiden, dass man sich überfordert fühlt. Dies führt dann wiederum dazu, dass man schneller aufgibt. Das ist ein negatives Ereignis, was wiederum an Ihrem Selbstwertgefühl nagen wird. Dadurch haben Sie außerdem weniger Motivation, um den eigenen Plan zu verwirklichen. Dass Sie auf diesem Weg wieder in eine Abwärtsspirale geraten, können Sie gewiss erkennen.

Es ist daher wichtig, dass man sich erst einmal einen, vielleicht zwei Punkte auswählt. Wenn Sie feststellen, dass Sie diese Punkte gut geübt haben, können Sie zu den nächsten Punkten übergehen. So gehen Sie weiter vor, bis schließlich der komplette Plan umgesetzt wurde.

Sie können beispielsweise damit beginnen, die positiven Glaubenssätze auswendig zu lernen. Versuchen Sie sich diese jeden Morgen und jeden Abend mindestens zehn Mal vorzusagen. Bereits wenige Zeit später werden Sie feststellen, dass Ihr Selbstwertgefühl dadurch gestärkt wird.

Wenn diese Übung selbstverständlich wird, gehen Sie zur nächsten Übung über. Jetzt können Sie beispielsweise damit beginnen, jeden Abend in Ihr Dankbarkeitstagebuch hineinzuschreiben.

Mit der Zeit können Sie sich auch Bücher, beispielsweise zum Thema „Das innere Kind" kaufen oder sich auch einen Therapeuten suchen, welcher Sie auf Ihrer Reise zu mehr Selbstwertgefühl unterstützt und begleitet. Auf diese Art und Weise können Sie langsam etwas mehr Selbstwert erreichen.

Übungen für zwischendurch

Nicht nur die konkreten Übungen sind wichtig, sondern auch die kleinen für zwischendurch. Diese sollten Sie immer mehr in den Alltag integrieren.

Sollte das Beispiel mit dem Gewicht auf Sie zu treffen, können Sie sich vornehmen, immer dann, wenn sich negative Glaubenssätze in Ihrem Kopf bilden, diese sofort in positive umzuwandeln. Sie können aber auch in den Situationen, in welchen Sie sich unwohl fühlen, sofort damit beginnen, anders zu handeln, nämlich so, als wären Sie ein selbstsicherer Mensch. Natürlich erfordert das jede Menge Überwindung, wird sich am Ende aber auf jeden Fall auszahlen.

Durch die Kombination von konkreten Übungen und jenen, die Sie zwischendurch einfließen lassen, wird Ihr Selbstwertgefühl nach und nach steigen.

SCHRITT 4: DIE LEBENSEINSTELLUNG ÄNDERN

Ja, auch das Ändern der eigenen Lebenseinstellung ist sehr wichtig. Das Selbstwertgefühl ist nämlich häufig auch auf die negative Einstellung zurückzuführen.

Ein Mensch, dem es an Selbstwertgefühl mangelt, wird die Schuld immer wieder anderen zuschieben, oft neidisch sein oder ständig meckern. Demzufolge ist ständig alles schlecht und es wird nichts geben, worüber man sich freuen kann. Wer eine solche Einstellung hat, kann sein Selbstwertgefühl auf keinen Fall steigern. Niemandem wird es gelingen, etwas ins Positive zu ändern, wenn er selbst nur negativ denkt. Wenn man jedoch mit positiver Einstellung durchs Leben geht, bekommt man auch viel schneller eine positive Einstellung sich selbst gegenüber. Schritt 3 hilft Ihnen dabei bereits enorm. In diesem Schritt möchte ich Ihnen weitere konkrete Übungen vorstellen, die Ihnen dabei helfen.

Übung 1: Sehen Sie in jeder negativen Situation das Positive

In unserem Alltag gibt es immer wieder Situationen, in denen wir uns grundlos aufregen könnten. Das gilt nicht nur für Menschen, deren Selbstwertgefühl sehr stark ist. Wenn ein Mensch ein gesundes Selbstwertgefühl hat, heißt es nämlich nicht, dass dieser auch nur gute Dinge erlebt und keine Probleme hat.

Trifft ein Mensch mit mangelndem Selbstwertgefühl auf einen Menschen, dessen Selbstwertgefühl gesund ist, wird dieser oftmals denken: „So gut wie der drauf ist, wird dem sowieso nie etwas Schlimmes passieren. Daher ist es doch gar kein Wunder, dass sein Selbstwertgefühl so groß ist. Ich würde auch so strahlen, wenn ich er wäre, aber so ein Glück werde ich sowieso niemals haben."

Ein Mensch mit starkem Selbstbewusstsein hat aber kein Glück, denn auch ihm werden unschöne Dinge passieren. Er kann jedoch auf ganz andere Art und Weise damit umgehen. Er wird nicht darüber meckern, sondern versuchen, das Positive aus der Situation herauszuziehen, denn nur so kann man auch eine Lösung finden.

Schauen wir uns dazu doch einmal ein Beispiel an: Susi kündigte ihren alten Job, um in einem anderen Unternehmen vollkommen neu anzufangen. Doch dann erfährt Sie, dass sie diesen Job nicht bekommen kann. Jetzt kann sie entweder frustriert sein und sich viele Wochen lang darüber aufregen. Sie kann aber auch das Positive aus der Situation herausholen. Sie könnte nun beispielsweise nach jahrelanger harter Arbeit viel mehr Zeit für sich haben oder diese mit der Familie verbringen und sich so in aller Ruhe nach einem neuen Job umsehen.

Übung 2: Situationen, die Sie glücklich machen
Machen Sie diese Übungen am besten jeden Morgen, nachdem Sie aufgestanden sind. So können Sie mit einer positiven Grundeinstellung in den Tag starten. Beginnt man einen Tag schlecht gelaunt, wird er auch später nicht besser werden. **Beginnt man ihn mit guter Laune, hat man es auch im Laufe des Tages einfacher und kann positiv bleiben.**

Hierfür können Sie folgende Fragen beantworten:

- Welchen Ort haben Sie am liebsten?
- Welche Musik hören Sie sehr gerne?
- Was essen Sie am liebsten?
- Wer gehört zu Ihren Lieblingsmenschen?

Wenn Sie all die Fragen beantwortet haben, können Sie sich nun folgende Situation vorstellen:

Mit Ihren Lieblingsmenschen befinden Sie sich nun an Ihrem Lieblingsort, dort essen Sie alle gemeinsam Ihr Lieblingsessen und im Hintergrund spielt zudem auch noch Ihre Lieblingsmusik.

Stellen Sie sich genau das jeden Morgen vor, damit Sie Ihren Tag mit schönen, wunderbaren Gedanken beginnen können.

Alternativ können Sie sich auch Bilder von Ihren Lieblingsmenschen, Orten oder dem Lieblingsessen sichtbar aufhängen. Nach dem Aufstehen sind diese Bilder dann die ersten, welche Sie betrachten. Hier ist gute Laune vorprogrammiert. Zusätzlich können Sie mit Ihrem Lieblingslied in den Tag starten. Wenn man bereits am frühen Morgen so viel Positives erlebt, kann der Tag doch nur noch besser werden.

SCHRITT 5: ES DARF AUCH SCHLECHTE TAGE GEBEN

In Schritt 4 haben Sie bereits gelernt, dass es wichtig ist, eine positive Einstellung zum Leben zu haben. Aber ein Tag hat nun mal 24 Stunden, eine Woche hat sieben Tage und ein Monat 30 oder 31 Tage. Niemand kann die ganze Zeit mit einem Grinsen im Gesicht durch die Gegend laufen.

Es wird niemals alles perfekt sein. Man kann zwar versuchen, immer das Positive zu sehen, aber man sollte sich selbst niemals verurteilen, wenn das mal nicht gelingt. Demzufolge darf es auch mal schlechte Tage geben. Jeder darf sich auch mal schrecklich fühlen und nichts Positives sehen können. Wem es gelingt, größtenteils positiv durch das eigene Leben zu gehen, darf natürlich auch manchmal negativ drauf sein. Ein starkes Selbstwertgefühl bedeutet nicht, dass man immer glücklich und positiv sein muss. Jeder Mensch erlebt auch mal schlechte Phasen. Wer Selbstwertgefühl hat, wird verstehen, dass es eben auch mal schlechte Phasen oder Tage gibt, die wieder vorbeigehen.

Diese gilt es zu akzeptieren und sich nicht in diese hineinzusteigern. Machen Sie sich bewusst, dass nach Regen immer wieder die Sonne folgen wird. Nehmen Sie also nicht nur die positiven, sondern auch die negativen Gefühle an. Beide haben ihre Berechtigung und sollten gefühlt werden.

Übung 1: Fühlen lernen

Wie bereits erwähnt, gehören nicht nur die positiven Gefühle zum Leben, sondern auch die negativen. Jeder ist nur ein Mensch und niemand kann stets gut gelaunt sein. Negative Gefühle sind in Ordnung und zugleich auch sehr wichtig. Wenn es keine negativen Gefühle gäbe, würde es auch keine positiven geben. Dementsprechend wären sie nur neutral.

Wer seine positiven Gefühle wertschätzen möchte, braucht auch die negativen Gefühle. Verdrängen Sie diese nicht, sondern fühlen Sie diese. Denn das ist genauso wichtig. Wer seine negativen Gefühle wie Wut, Angst oder Trauer verdrängt, wird früher oder später merken, dass diese wieder an die Oberfläche kommen und dabei noch viel stärker sein können. **Nehmen Sie also die negativen Gefühle an und akzeptieren Sie diese. Versuchen Sie das Gefühl zu beobachten.**

Hierzu ein paar hilfreiche Fragen:

- Wie fühlt sich das an?
- Wie nehmen Sie die Wut wahr?

- Wie nehmen Sie die Angst wahr?
- Fühlt sich das vielleicht wie ein Feuer in der Brust an?
- Welche Farbe wollen Sie diesem Gefühl geben?
- Welche Veränderungen durchlebt Ihr Körper?
- Wie verändert sich Ihre Atmung?
- Bekommen Sie vielleicht schwitzige oder feuchte Hände?

Diese Gefühle sollten beobachtet, aber nicht bewertet werden. Es ist sehr wichtig, dass Sie lernen, diese zu akzeptieren und nicht zu verdrängen. So vermeiden Sie die nächste unkontrollierte Explosion von Gefühlen. Mit dieser Übung können Sie lernen, wie Sie mit Ihren Gefühlen umgehen können und dass jedes Gefühl wichtig ist und auf keinen Fall Ihren Wert bestimmt.

Sie sind nicht weniger wert, nur weil Sie mal einen schlechten Tag haben. Diese Phasen oder Tage werden vorbeigehen und es werden wieder bessere folgen. Wichtig ist, die Situation zu akzeptieren, geduldig zu sein und den eigenen Selbstwert nicht anzuzweifeln.

Übung 2: Morgenroutine

Es spielt keine Rolle, wie schlecht der vorangegangene Tag war. Jeder sollte sich an jedem Tag etwas Gutes tun. Bereits Kleinigkeiten können dabei helfen. Auf diese Art und Weise können Sie sich selbst zeigen, dass Sie wertvoll sind. Wenn ein Tag schlecht war, kann das beruhigend sein, wenn man weiß, dass eben nicht jede Sekunde von diesem Tag schlecht war. Sie sollten in Erinnerung behalten, dass Sie sich auch etwas Gutes getan haben.

Führen Sie daher eine Morgenroutine ein, bei der Sie sich um sich selbst kümmern. Am besten ist es auch, diese nach dem Aufstehen zu beginnen. So können Sie sich immer wieder daran erinnern, dass der Tag, auch wenn er im weiteren Verlauf schlecht war, auch etwas Positives hatte. Man kann diese Routine auch am Abend einführen, aber wenn ein Tag wirklich schlecht verläuft, hat man oftmals keine Motivation, diese Routine tatsächlich durchzuführen.

Wie könnte diese Routine aussehen:

- Gehen Sie schön Duschen
- Pflegen Sie Ihr Gesicht
- Gönnen Sie sich ein schönes Frühstück
- Machen Sie Entspannungsübungen
- Hören Sie Musik
- Lesen Sie ein Buch
- Ich bin mir sicher, Ihnen wird Einiges einfallen, was Ihnen guttut

SCHRITT 6: DIE EIGENEN WERTE HERAUSFINDEN

Wer ein starkes Selbstwertgefühl hat, kennt seinen eigenen Wert und lebt diesen auch. Niemals wird er etwas tun, was diesen Werten widerspricht. Somit hat er auch ein glückliches Leben und es entstehen keine Widersprüche zwischen Handeln und eigenem Wert. Somit steigt auch das eigene Selbstwertgefühl, denn man bleibt sich selbst treu und ist es sich selbst wert, so zu leben, wie man es für richtig hält.

Wer aber ein geringes Selbstwertgefühl hat, kennt seine Werte nicht und kann auch nicht nach diesen leben. Diese Person wird sich dann nach den Werten anderer richten, denn er möchte anderen Menschen mit allen Mitteln gefallen, wodurch er aber seine eigenen Werte und moralischen Vorstellungen vernachlässigt. Für ihn ist es das Wichtigste, dass die Mitmenschen ihn mögen. Auf die eigenen Bedürfnisse wird daher nicht geachtet. Sie werden auch nicht ernst genommen. Auch das nagt am Selbstwertgefühl. Dadurch sucht die betroffene Person dann noch verstärkter nach Zustimmung von anderen. Auch hier entsteht wieder eine Abwärtsspirale beziehungsweise ein Teufelskreis.

Es ist daher sehr essenziell, dass man seine eigenen Werte kennt und auch nach diesen lebt. Ich möchte Ihnen einige Übungen vorstellen, mit denen Ihnen das gelingen wird.

Übung 1: Erfolgserlebnisse mit eigenen Werten in Zusammenhang bringen

Erfolgreich und glücklich werden die Personen sein, die nach eigenen Werten leben. Wer dies nicht tut, kann seine Erfolge nicht genießen. Diese sind nämlich nicht auf der Basis der eigenen Werte entstanden. Es kann niemand glücklich sein, der andere ausbeutet, um selbst erfolgreich zu sein.

Versuchen Sie daher an Momente zu denken, in denen Sie tatsächlich glücklich und erfolgreich waren.

Stellen Sie sich folgende Fragen:

- Welche Werte haben Sie verfolgt, um diesen Erfolg zu erzielen?
- Wie haben Sie gehandelt?
- Was haben Sie erreicht?
- Was sorgte für Ihr Glück?
- Welcher Person haben Sie geholfen?

Übung 2: Welche Werte kristallisierten sich heraus

Schreiben Sie sich unbedingt die Ergebnisse der ersten Übung auf. Lesen Sie diese mehrmals durch und schauen Sie, welche Werte sich dabei herauskristallisieren. Fragen Sie sich zudem, was Ihnen im Leben wichtig ist und wie Sie Ihr Leben gestalten können, um glücklich zu sein.

Überlegen Sie nun noch etwas weiter. Welche Werte fallen Ihnen ein, welche für Sie ganz besonders wichtig sind?

Schauen Sie sich dazu die drei folgenden Fragen an:

- Welche Eigenschaften und Fähigkeiten sind Ihnen bei anderen Menschen wichtig?
- Welche Eigenschaften und Fähigkeiten sind Ihnen bei Ihnen selbst wichtig?
- Was bedeutet für Sie ein glückliches und erfülltes Leben?

Auch hier ist es wichtig, dass Sie wieder alles aufschreiben, was Ihnen durch den Kopf geht. Anschließend überlegen Sie, welche Werte davon ganz besonders wichtig für Sie sind. Markieren Sie sich fünf wichtige Werte.

Übung 3: Nach den Werten leben
Jetzt ist es wichtig, dass Sie sich die fünf markierten Werte noch einmal ansehen. Fragen Sie sich selbst, ob Sie vielleicht schon nach diesem Leben.

Hierfür nehmen Sie sich ein neues Blatt und schreiben oben folgende Frage auf: Lebe ich bereits nach meinen Werten?

Nun schreiben Sie untereinander alle Werte auf. Die fünf unterstrichenen sollten dabei an erster Stelle stehen. Setzen Sie daneben zwei Kästchen, eines für „Ja" und das andere für „Nein".

Jetzt wird die Frage, welche oben steht, für jeden einzelnen Wert beantwortet. In Klammern können Sie auch dazuschreiben, inwieweit Sie diese Werte leben und inwieweit nicht.

Anschließend schauen Sie, wie viele Kästchen Sie bereits mit ja ankreuzen konnten. Sollte das Nein überwiegen, so wissen Sie genau, woran Sie in Zukunft arbeiten müssen.

Auch hier gilt wieder, dass man nicht von 0 auf 100 alles ändern kann, sondern Schritt für Schritt vorgehen muss.

SCHRITT 7: BEWUSST MACHEN, WAS MAN IM LEBEN WIRKLICH WILL

Ein Mensch, der ein geringes Selbstwertgefühl hat, wird niemals richtig wissen, was er überhaupt will. Dass die Person nicht selbstbewusst durchs Leben geht, sondern im übertriebenen Sinne hin und her schwankt, liegt dabei auf der Hand. Ein Mensch, der ein sehr starkes Selbstwertgefühl hat, weiß hingegen ganz genau, was er will.

Wenn Sie ein geringes Selbstwertgefühl haben, können Sie nun damit beginnen, sich konkrete Ziele zu setzen. Schon bald werden Sie merken, dass sich dadurch Ihr Selbstwertgefühl steigert. Diese Art und Weise wird immer deutlicher zeigen, dass man es sich selbst wert ist.

Schauen Sie sich hierzu folgende drei Schritte ein:

Schritt 1: Mindmap

Schreiben Sie das Wort Ziele in die Mitte eines A 3 Blattes. Dieses kreisen Sie ein. Nun fügen Sie einige Linien hinzu. An das Ende dieser Linien schreiben Sie immer einen Wunsch oder einen Traum, der Ihnen spontan durch den Kopf geht. Wichtig ist, dass Sie dabei nicht zu viel darüber nachdenken.

Schritt 2: hinterfragen

Während Sie im ersten Schritt einfach alles niedergeschrieben haben, was Ihnen durch den Kopf ging, so ist es nun im zweiten Schritt wichtig, dass man die niedergeschriebenen Punkte genau hinterfragt. Dabei sollten Sie sich für jeden Punkt Zeit nehmen.

Folgende Fragen können dabei helfen:

- Möchte ich das wirklich erreichen?
- Möchte ich das Ziel für mich oder für andere erreichen?
- Kann ich das Ziel mit meinen Werten vereinbaren?

Auf diese Art und Weise werden Sie schnell herausfinden, welche Ziele tatsächlich Ihre eigenen sind und welche Sie wirklich erreichen wollen. Diese Ziele sollten Sie dann herausschreiben.

Schritt 3: Umsetzung

Jetzt konnten Sie herausfinden, welche Ziele Sie wirklich haben. In diesem Schritt wird es darum gehen, einen konkreten Plan zu erstellen.

Für jedes Ziel sollen Sie sich nun zehn Schritte überlegen, welche wichtig sind, um das Ziel zu erreichen. Anschließend suchen Sie sich ein paar Ziele heraus, auf welche Sie sich konzentrieren wollen. Sie können sowieso nicht alle Ziele auf einmal erreichen. Gehen Sie also langsam an die Sache heran und steigern Sie sich allmählich.

SCHRITT 8: LERNEN, NEIN ZU SAGEN

Menschen mit gesundem Selbstwertgefühl wissen genau, wo ihre Grenzen liegen. Daher können diese Menschen auch Nein sagen, ohne ein schlechtes Gewissen zu haben. Angst vor Verurteilung kennen sie nicht, denn sie kennen ihren Wert und sind nicht davon abhängig, was andere Menschen sagen oder denken.

Damit das auch Ihnen gelingen kann, sollten Sie sich folgende Übung einmal ansehen:

Übung: Kurz überlegen und dann Antworten - Ihr Wert wird daran nicht gemessen

Es ist eine Übung für den Alltag. Ganz wichtig ist, dass Sie sich vornehmen, Ihren Fokus auf diese Fragen zu richten, welche man Ihnen stellt. Ganz besonders, wenn es um die Fragen, bei denen Sie anderen einen Gefallen tun können, geht.

Menschen mit geringem Selbstwertgefühl werden wahrscheinlich gar nicht mehr überlegen, sondern automatisch antworten. Aber damit soll jetzt Schluss sein. Es wird Ihre Aufgabe sein, Nein zu sagen. Denken Sie daher immer zuerst über die gestellte Frage nach. Hören Sie Ihrem Gesprächspartner aufmerksam zu und fragen Sie nach Details. Stellen Sie sich zudem vor, in welche Situation Sie sich begeben würden, wenn Sie einfach Ja sagen.

Wenn Sie nur Ja sagen, um den anderen zu gefallen, sollten Sie von nun an Ihren Mut zusammennehmen und Nein sagen. Wichtig ist, dass Sie sich immer wieder vor Augen führen, dass Ihr Wert nicht daran gemessen wird, ob Sie Ja oder Nein sagen. Die ersten Male wird es schwierig werden, aber mit der Zeit werden Sie wahrscheinlich sogar Spaß daran haben.

SCHRITT 9: MIT GUTEN MENSCHEN UMGEBEN

Schauen Sie sich folgenden Spruch an: „Man ist der Durchschnitt der fünf Menschen, mit denen man die meiste Zeit verbringt." Hinter diesem Spruch verbirgt sich sehr viel Wahrheit. Wie Sie bereits gelernt haben, hat Ihr Selbstwertgefühl auch Auswirkungen auf Ihr eigenes Umfeld.

Nicht nur Ihr Selbstwertgefühl wirkt sich auf andere aus, sondern auch das von anderen Personen auf Sie. Schauen Sie sich daher ganz genau an, in wessen Gegenwart Sie sich wohlfühlen und wessen Gegenwart Sie eher herunterzieht.

Geben Sie sich niemals mit Menschen einfach so zufrieden, nur damit Sie im Leben nicht allein stehen. Das gezielte Aussuchen funktioniert aber leider nicht immer. Immerhin kann man nicht von seinem Chef verlangen, dass ein Kollege gefeuert wird, nur weil man der Meinung ist, dass dieser einem nicht guttut. Und doch haben Sie einen gewissen Einfluss darauf, mit welchen Personen Sie die meiste Zeit verbringen. Schauen Sie sich dafür die folgenden Schritte an:

Schritt 1: Aussortieren im privaten Umfeld

Ja, das Wort „aussortieren" klingt erst mal sehr hart und doch ist es notwendig, wenn Sie glücklich leben wollen. In Schritt 8 haben Sie bereits gelernt, Nein zu sagen. Jetzt können Sie den nächsten Schritt gehen und nicht nur bestimmte Veranstaltungen oder Projekte aus Ihrem Leben streichen, sondern auch Menschen, die Ihnen nicht guttun.

- Haben Sie den einen Freund, der stets und ständig meckert?
- Haben Sie einen Freund, der immer wieder etwas von Ihnen braucht?
- Sucht die Person ständig Fehler bei Ihnen?
- Verbreitet die Person ständig schlechte Laune?

Das sind ganz deutliche Anzeichen dafür, dass Sie diese Person aus Ihrem Leben verbannen sollten. Diese Beziehung ist toxisch und tut Ihnen auf jeden Fall nicht gut. Sagen Sie Ihre Meinung und beenden Sie diese Freundschaft.

Nehmen Sie sich Zeit und schauen Sie in Ihrem privaten Umfeld genau, wer Ihnen guttut und wer nicht. Wenn Sie nicht bereit dazu sind, den Kontakt endgültig zu beenden, weil es sich beispielsweise um ein Familienmitglied handeln könnte, reicht es bereits aus, wenn man den Kontakt reduziert. Man sollte den Fokus immer auf Menschen richten, die einen inspirieren und motivieren.

Schritt 2: Berufliches Umfeld optimieren

Es ist nun einmal nicht so einfach, im beruflichen Umfeld Menschen auszusortieren. Und doch können Sie mitentscheiden, mit welchen Kollegen Sie sich umgeben möchten. Überlegen Sie, welche Möglichkeiten es gibt, damit der Kontakt zu bestimmten Kollegen vermindert wird. Von nun an kann beispielsweise der Small-Talk mit Menschen, die nur meckern, vermieden werden. Überlegen Sie sich auch, mit welchem Kollegen Sie Ihre Pause am liebsten verbringen wollen.

Sollte die Stimmung an Ihrem Arbeitsplatz generell eher schlecht sein, sollten Sie sich vielleicht überlegen, sich nach einer neuen Arbeitsstelle umzusehen.

Schritt 3: Inspirierendes Umfeld gestalten

Wenn Sie in Ihrem Umfeld noch nicht so viele inspirierende oder motivierende Menschen haben, sollten Sie sich unbedingt ein solches Umfeld erschaffen. Versuchen Sie, neue Menschen kennenzulernen, von denen Sie glauben, diese könnten einen positiven Einfluss auf Sie haben.

Es bietet sich hier beispielsweise an, ein neues Hobby zu beginnen. Sie können sich auch in diversen Online-Portalen mit anderen Menschen vernetzen oder Kurse zum Thema „Persönlichkeitsentwicklung“ buchen. Bei diesen werden Sie sehr viel Neues lernen und jede Menge Motivation erfahren. So können Sie auch besser an sich arbeiten.

SCHRITT 10: ZEIT LASSEN UND FEHLER ERLAUBEN

Niemand kann sich ein gesundes Selbstwertgefühl von heute auf morgen erarbeiten. Es ist wichtig, dass Sie Geduld und Durchhaltevermögen mitbringen. Um ein gesundes Selbstwertgefühl entwickeln zu können, braucht es harte Arbeit und das dauert manchmal auch viele Jahre.

Nehmen Sie sich alle Zeit der Welt und seien Sie mit sich selbst geduldig. Alles andere würde nur zu Überforderung und Rückfällen führen. Ich bin mir sicher, dass Sie genau das vermeiden wollen.

Halten Sie sich auch immer wieder vor Augen, dass Fehler nicht nur erlaubt, sondern auch erwünscht sind, denn aus diesen kann man jede Menge lernen.

Sie sollten sich auch niemals selbst verurteilen, wenn manchmal etwas noch nicht ganz so klappt, wie Sie es gerne hätten.

Reflektieren Sie Ihre Fehler und schauen Sie, weshalb diese passiert sind. Vielleicht sind Sie zu schnell vorwärtsgegangen oder haben sich die Ziele zu hoch gesteckt. Wenn Sie Ihre Fehler betrachten, werden Sie selbst Lösungen finden, um noch etwas verbessern zu können. Ich wünsche Ihnen auf Ihrer Reise viel Erfolg.

Schlusswort

Für das Glück im Leben ist das gesunde Selbstwertgefühl eine Grundvoraussetzung. Daher ist es wichtig, dass jeder Mensch versteht, dass er an seinem eigenen Selbstwert arbeiten muss. Mit dem Kauf dieses Buches haben Sie bereits den ersten Schritt in die richtige Richtung gemacht. Der zweite wichtige Schritt war das Lesen des Buches. Der dritte wichtige Schritt ist, das neu erlangte Wissen in die Tat umzusetzen.

Ich hoffe, dass Sie durch dieses Buch Inspiration und Motivation gewinnen konnten, um Ihre eigene aktuelle Lebenssituation zu hinterfragen, und genau zu schauen, ob und wo es Verbesserungsbedarf gibt. Stellen Sie sich die Frage, ob Sie mit Ihrem Leben glücklich und zufrieden sind oder ob es doch noch Luft nach oben gibt.

Tatsächlich gibt es auch bei Menschen, welche mit ihrem Leben rundum glücklich sind und deren Selbstwertgefühl sehr gestärkt ist, immer noch Verbesserungspotenzial. Hier greift das Sprichwort wieder, dass man niemals auslernt. Wenn man still stehen bleibt, macht das nicht glücklich. Irgendwann beginnt man sich zu langweilen und nichts kann einen mehr anspornen. Wenn man an sich selbst arbeitet, bekommt man dahingegen jede Menge Ansporn. Es ist natürlich auch in Ordnung, wenn man hin und wieder Ausnahmen und Pausen macht. Keinem Menschen ist es möglich, sich jeden Tag und jede Nacht zu optimieren.

Zudem ist es auch erlaubt, sich hin und wieder etwas Süßes zu gönnen, wenn man sich doch sonst gesund ernährt. So ist es auch, wenn man daran arbeitet, einen gesunden Selbstwert zu entwickeln. Auch hier sollte man sich Pausen und kleine Ausrutscher erlauben. Wichtig ist, dass man immer dranbleibt und etwas verändern will. Nur Sie allein können an Ihrem Selbstwertgefühl arbeiten, sich das notwendige Umfeld schaffen, welches Sie glücklich macht.

Beginnen Sie noch heute damit, Ihr eigenes Traumleben zu kreieren und Ihre eigenen Ziele zu erreichen. Sie sind es sich selbst wert, das sollten Sie sich immer wieder vor Augen führen.

In diesem Sinne wünsche ich Ihnen viel Erfolg auf der Reise, welche Sie zu einem stärkeren Selbstwertgefühl führt.

Die sieben Säulen des Selbstwertgefühls Bonus

Auf den vergangenen Seiten haben Sie jede Menge über das Selbstwertgefühl lernen können und bereits zahlreiche Übungen entdeckt, die Sie nun ausprobieren können. Damit Sie Ihre Erfolge festhalten und einen genauen Plan zur Hand haben, habe ich speziell dafür ein 30-Tage-Workbook erstellt, dass Sie auf Ihrem Weg zu mehr Selbstwertgefühl begleiten soll. Dabei wünsche ich Ihnen viel Erfolg.

TAG 1

Die heutige Aufgabe:

Schreiben Sie sich über den Tag verteilt selbst positive Nachrichten. Alternativ können Sie sich auch einen Brief schreiben, in welchem Sie aber ebenfalls positiv bleiben. Füllen Sie am Abend die folgenden Zeilen aus.

Wie haben Sie sich beim Schreiben der positiven Nachrichten gefühlt?
____
____
____
____

Wie fühlten Sie sich, als Sie die Nachrichten noch einmal gelesen haben?
____
____
____
____

Hier ist Platz für Anmerkungen
____
____
____
____

TAG 2

Die heutige Aufgabe:

Stellen Sie sich vor den Spiegel und lächeln Sie sich eine Minute lang an. Wiederholen Sie diese Übung mehrmals am Tag. Füllen Sie am Abend die folgenden Zeilen aus.

Wie haben Sie dabei gefühlt?

____

____

____

____

Überlegen Sie, ob und wie Sie diese Übung von nun an täglich in Ihren Tagesablauf integrieren können.

____

____

____

____

Hier ist Platz für Anmerkungen

____

____

____

____

TAG 3

Die heutige Aufgabe:

Erst denken, dann sprechen. Vermeiden Sie heute ganz bewusst negative Kommentare über sich und Ihren Köper. Wandeln Sie die Kommentare in positive Sätze um. Füllen Sie am Abend die folgenden Zeilen aus.

Wie haben Sie sich gefühlt?

____

____

____

____

Wann fiel es Ihnen besonders schwer durchzuhalten und warum?

____

____

____

____

Hier ist Platz für Anmerkungen

____

____

____

____

TAG 4

Die heutige Aufgabe:

Sagen Sie sich über den Tag verteilt immer wieder, dass Sie sich mögen! Füllen Sie am Abend die folgenden Zeilen aus.

Wie haben Sie sich gefühlt?

____

____

____

____

Schreiben Sie fünf Dinge auf, die Sie ganz besonders an sich mögen.

____

____

____

____

Hier ist Platz für Anmerkungen

____

____

____

____

TAG 5

Die heutige Aufgabe:

Schließen Sie Frieden mit Ihren weniger guten Seiten. Akzeptieren Sie, was Sie nicht ändern können. Füllen Sie am Abend die folgenden Zeilen aus.

Schreiben Sie fünf Dinge auf, die Sie definitiv ändern möchten.

____

____

____

____

Wie fühlten Sie sich, als Sie mit sich Frieden geschlossen haben?

____

____

____

____

Hier ist Platz für Anmerkungen

____

____

____

____

TAG 6

Die heutige Aufgabe:

Am Tag begegnen wir vielen Menschen. Finden Sie heute an jedem dieser Menschen etwas Positives. Füllen Sie am Abend die folgenden Zeilen aus.

Wie war es für Sie, nach den guten Eigenschaften bei anderen Menschen Ausschau zu halten?

____

____

____

____

Was sind die fünf schönsten Eigenschaften, die Sie heute bei anderen feststellen konnten?

____

____

____

____

Hier ist Platz für Anmerkungen

____

____

____

____

TAG 7

Die heutige Aufgabe:

Lob ist wichtig für das eigene Selbstwertgefühl. Loben Sie sich heute, so oft es nur geht. Füllen Sie am Abend die folgenden Zeilen aus.

Wie haben Sie sich gefühlt, als Sie sich selbst lobten?
____
____
____
____

Wofür haben Sie sich heute gelobt?
____
____
____
____

Hier ist Platz für Anmerkungen
____
____
____
____

TAG 8

Die heutige Aufgabe:

Legen Sie sich ein Buch an, in welchem Sie Pluspunkte sammeln. Füllen Sie am Abend die folgenden Zeilen aus.

Schreiben Sie fünf Dinge auf, für die andere Sie heute lobten.
____
____
____
____

Wie haben Sie sich gefühlt, als Sie gelobt wurden?
____
____
____
____

Hier ist Platz für Anmerkungen
____
____
____
____

TAG 9

Die heutige Aufgabe:

Jeder darf sich gut fühlen, auch Sie! Erinnern Sie sich heute immer wieder an folgenden Satz: „Ich verdiene es, dass es mir gut geht." Füllen Sie am Abend die folgenden Zeilen aus.

Wann fiel es Ihnen besonders leicht, sich gut zu fühlen?

___

___

___

___

Wann fiel es Ihnen besonders schwer?

___

___

___

___

Hier ist Platz für Anmerkungen

___

___

___

___

TAG 10

Die heutige Aufgabe:

Schluss mit „Das kann ich nicht!“ Heute fangen Sie damit an, zu sagen: „Ich kann!“ Füllen Sie am Abend die folgenden Zeilen aus.

Was können Sie? Wo haben Sie mit der Veränderung bereits begonnen?
____
____
____
____

Was möchten Sie in Zukunft können?
____
____
____
____

Hier ist Platz für Anmerkungen
____
____
____
____

TAG 11

Die heutige Aufgabe:

Besuchen Sie eine für Sie wichtige Person, die weiter weg wohnt. Füllen Sie am Abend die folgenden Zeilen aus.

Was war das schönste Erlebnis heute?

____

____

____

____

Wen könnten Sie als Nächstes Besuchen? Schauen Sie direkt nach möglichen Terminen!

____

____

____

____

Hier ist Platz für Anmerkungen

____

____

____

____

TAG 12

Die heutige Aufgabe:

Kochen Sie heute für Ihren Partner. Auch das gehört zum Aufbau des Selbstwertgefühls dazu. Füllen Sie am Abend die folgenden Zeilen aus.

Wie hat es sich angefühlt, einen anderen Menschen zu überraschen?

____

____

____

____

Was löste es in Ihnen aus, als Sie sehen konnten, wie sehr sich Ihr Partner über das Essen freute?

____

____

____

____

Hier ist Platz für Anmerkungen

____

____

____

____

TAG 13

Die heutige Aufgabe:

Gehen Sie in die Stadt und spendieren Sie einem Obdachlosen etwas zu Essen. Füllen Sie am Abend die folgenden Zeilen aus.

Wie fühlt es sich an, anderen zu helfen?

____

____

____

____

Überlegen Sie, wie Sie in Zukunft weiterhin anderen Menschen helfen können.

____

____

____

____

Hier ist Platz für Anmerkungen

____

____

____

____

TAG 14

Die heutige Aufgabe:

Versuchen Sie heute mal etwas ganz Neues. Was, das entscheiden Sie. Füllen Sie am Abend die folgenden Zeilen aus.

Wie war Ihr Tag? Was haben Sie ausprobiert und wie fühlten Sie sich?

___

___

___

___

Was möchten Sie zukünftig ausprobieren?

___

___

___

___

Hier ist Platz für Anmerkungen

___

___

___

___

TAG 15

Die heutige Aufgabe:

Lob ist Balsam für die Seele. Loben Sie heute andere Menschen, mit denen Sie zu tun haben. Füllen Sie am Abend die folgenden Zeilen aus.

Wie war es für Sie, andere zu loben?
____
____
____
____

Schreiben Sie die schönste Reaktion auf.
____
____
____
____

Hier ist Platz für Anmerkungen
____
____
____
____

TAG 16

Die heutige Aufgabe:

Machen Sie sich heute bewusst, was Sie tun. Füllen Sie am Abend die folgenden Zeilen aus.

Wie verhalten Sie sich?

____

____

____

____

Warum verhalten Sie sich so?

____

____

____

____

Hier ist Platz für Anmerkungen

____

____

____

____

TAG 17

Die heutige Aufgabe:

Behaupten Sie sich heute! Stehen Sie für Ihre Meinung ein. Füllen Sie am Abend die folgenden Zeilen aus.

Wie fühlten Sie sich dabei?
____
____
____
____

Was war die beste Reaktion Ihrer Mitmenschen?
____
____
____
____

Hier ist Platz für Anmerkungen
____
____
____
____

TAG 18

Die heutige Aufgabe:

Ziele sind wichtig und jeder Mensch sollte sie haben. Setzen Sie sich heute fünf Ziele, die Sie erreichen möchten. Füllen Sie am Abend die folgenden Zeilen aus.

Wie möchten Sie die Ziele erreichen?

____

____

____

____

Bis wann möchten Sie die Ziele erreichen?

____

____

____

____

Hier ist Platz für Anmerkungen

____

____

____

____

TAG 19

Die heutige Aufgabe:

Jeder Mensch ist wertvoll. Auch Sie! Machen Sie sich heute Gedanken über Ihre Werte. Füllen Sie am Abend die folgenden Zeilen aus.

Schreiben Sie Ihre Werte auf.
____
____
____
____

Welche Werte schätzen Sie bei anderen?
____
____
____
____

Hier ist Platz für Anmerkungen
____
____
____
____

TAG 20

Die heutige Aufgabe:

Jeder Mensch hat Stärken. Welche Stärken haben Sie? Machen Sie sich darüber Gedanken. Füllen Sie am Abend die folgenden Zeilen aus.

Notieren Sie fünf Stärken.

____

____

____

____

Welche Stärken hätten Sie gern und wie können Sie diese erreichen?

____

____

____

____

Hier ist Platz für Anmerkungen

____

____

____

____

TAG 21

Die heutige Aufgabe:

Sprechen Sie mit sich selbst. Stellen Sie sich dafür vor den Spiegel und sagen Sie sich fünf positive Dinge über sich selbst. Füllen Sie am Abend die folgenden Zeilen aus.

Wie haben Sie sich gefühlt?

____

____

____

____

Wofür sind Sie dankbar?

____

____

____

____

Hier ist Platz für Anmerkungen

____

____

____

____

TAG 22

Die heutige Aufgabe:

Bewegung tut jedem gut. Nehmen Sie sich zehn Minuten Zeit und machen Sie fünf einfache Übungen, die jeder kennt. Füllen Sie am Abend die folgenden Zeilen aus.

Wie startete Ihr Tag nach den sportlichen Übungen?

____

____

____

____

Welche zehn Übungen möchten Sie künftig jeden Morgen machen?

____

____

____

____

Hier ist Platz für Anmerkungen

____

____

____

____

TAG 23

Die heutige Aufgabe:

Verwöhnen ist ebenso wichtig. Gönnen Sie sich heute etwas Schönes. Füllen Sie am Abend die folgenden Zeilen aus.

Wie hat Ihnen Ihr Verwöhnprogramm gefallen?
____
____
____
____

Legen Sie weitere Wohlfühltage fest.
____
____
____
____

Hier ist Platz für Anmerkungen
____
____
____
____

TAG 24

Die heutige Aufgabe:

Achtsamkeit ist das A und O. Lassen Sie sich heute bewusst für alle Mahlzeiten Zeit. Gehen Sie alles in Ruhe an. Füllen Sie am Abend die folgenden Zeilen aus.

Wie fühlen Sie sich nach diesem achtsamen Tag?

____

____

____

____

Wobei möchten Sie zukünftig achtsam bleiben?

____

____

____

____

Hier ist Platz für Anmerkungen

____

____

____

____

TAG 25

Die heutige Aufgabe:

Das, was Ihnen Angst macht, erledigen Sie heute sofort. So müssen Sie die Angst nicht den ganzen Tag mit sich herumtragen. Füllen Sie am Abend die folgenden Zeilen aus.

Wie haben Sie sich nach Erledigung der Angst-auslösenden Aufgabe gefühlt?
____
____
____
____

Was macht Ihnen noch Angst, dass Sie in den nächsten fünf Tagen erledigen können und möchten?
____
____
____
____

Hier ist Platz für Anmerkungen
____
____
____
____

TAG 26

Die heutige Aufgabe:

Blickkontakt kann uns viel über andere Menschen verraten, aber auch zeigen, dass man sehr wohl Selbstwertgefühl hat. Füllen Sie am Abend die folgenden Zeilen aus.

Wem konnten Sie heute am längsten in die Augen schauen?
____
____
____
____

Wie haben Sie sich dabei gefühlt?
____
____
____
____

Hier ist Platz für Anmerkungen
____
____
____
____

TAG 27

Die heutige Aufgabe:

Fehler sind dafür da, um aus ihnen zu lernen. Akzeptieren Sie die Fehler, welche Sie heute gemacht haben. Füllen Sie am Abend die folgenden Zeilen aus.

Welche Fehler haben Sie in der Vergangenheit gemacht?

____

____

____

____

Wie fühlt es sich an, die alten Fehler zu verzeihen und loszulassen?

____

____

____

____

Hier ist Platz für Anmerkungen

____

____

____

____

TAG 28

Die heutige Aufgabe:

To do war gestern, Done ist heute. Schreiben Sie sich am Abend auf, was Sie heute alles erledigen konnten. Füllen Sie am Abend die folgenden Zeilen aus.

Wie fühlt es sich an, zu sehen, wie viel man eigentlich an einem Tag schafft?

____

____

____

____

Schreiben Sie sich nur fünf Dinge auf, welche Sie bis Ende der Woche erledigen wollen.

____

____

____

____

Hier ist Platz für Anmerkungen

____

____

____

____

TAG 29

Die heutige Aufgabe:

Achten Sie darauf, wie Sie umherlaufen. Ändern Sie Ihre Körperhaltung, straffen Sie Ihre Schultern und blicken Sie nicht länger auf den Boden. Füllen Sie am Abend die folgenden Zeilen aus.

Wie fühlte es sich an, so selbstbewusst durchs Leben zu gehen?

____

____

____

____

Beschreiben Sie, wie Sie bisher durchs Leben gingen und nicht mehr gehen wollen.

____

____

____

____

Hier ist Platz für Anmerkungen

____

____

____

____

TAG 30

Die heutige Aufgabe:

Nein zu sagen, ist kein Verbrechen! Sagen Sie heute zu allem Nein, was Sie nicht wollen! Füllen Sie am Abend die folgenden Zeilen aus.

Wie fühlte es sich an, Nein zu sagen?
____
____
____
____

Legen Sie fünf Dinge fest, die Sie sich in Zukunft nicht mehr gefallen lassen wollen!
____
____
____
____

Hier ist Platz für Anmerkungen
____
____
____
____

Quellen

- Buch: Selbstwert stärken – der Schlüssel zur Selbstliebe, ISBN: 9-798-5612-9901-8
- Buch: Die sechs Säulen des Selbstwertgefühls (Nathaniel Branden, ISBN: 978-3-47808-887-9)
- YouTube:
- https://www.youtube.com/watch?v=S8OHhb-qpS0
- Internetquellen:
- https://www.soft-skills.com/selbstbewusstsein/selbstwertgefuehl/
- https://www.selbstbewusstsein-staerken.net/die-10-goldenen-regeln-fuer-ein-starkes-selbstbewusstsein/
- https://arbeits-abc.de/mangelndes-selbstbewusstsein/
- https://www.sarrazin-coaching.de/2020/08/02/mangelndes-selbstbewusstsein-was-uns-die-psychologie-sagt/#:~:text=Ursachen%20von%20geringem%20Selbstbewusstsein&text=Manche%20Menschen%20neigen%20von%20Natur,zu%20entwickeln%20als%20andere%20Menschen.
- https://karrierebibel.de/selbstglaube/
- https://butterseite.net/selbstmitgefuehl-wecken/?gclid=CjwKCAjw3MSHBhB3EiwAxcaEu0WfDe5srMqzbLd10OLf025z-UzYHD6U0kIn5qNlSGsYkprFeH7BThoC2YsQAvD_BwE
- https://raum-fuer-bewusstsein.de/an-Sich-selbst-Glauben/
- https://soulsweet.de/an-sich-selbst-glauben/
- https://www.klarafuchs.com/wie-ich-gelernt-habe-an-mich-selbst-zu-glauben/

Wir danken Dir für Dein Interesse und Dein Vertrauen. Als Dankeschön dafür, haben wir eine besondere Überraschung. Du möchtest selbstbewusster sein und wahre Selbstliebe leben? Dann haben wir das Richtige für dich. Entdecke deinen persönlichen Selbstliebe und Selbstbewusstseins Coach. Das Beste: Sie erhalten diese vollkommen kostenlos. Das klingt wunderbar? Dann warten Sie nicht lange und holen Sie sich Ihr Gratis-Geschenk.

Hier geht es zu Ihrem Gratis-Geschenk:

https://forms.gle/sGXGTwmR8dUW5UyJA

1. **Öffnen Sie die Kamera-App auf Ihrem Smartphone und richten Sie die Kamera auf den QR-Code.**
2. **Klicken Sie auf den Link, der Ihnen angezeigt wird und schon werden Sie zur Website weitergeleitet.**

Impressum

Herausgeber: Orbita Media Verlag GmbH & Co. KG / Ericusspitze 4 / 20457 Hamburg
Kontakt: kontakt@empireofbooks.de
Website: https://empireofbooks.de
Coverbild: Shutterstock

Haftungsausschluss:
Die Nutzung dieses Buches und die Umsetzung der enthaltenen Informationen, Anleitungen und Strategien erfolgt auf eigenes Risiko. Der Autor kann für etwaige Schäden jeglicher Art aus keinem Rechtsgrund eine Haftung übernehmen. Haftungsansprüche gegen den Autor für Schäden materieller oder ideeller Art, die durch die Nutzung oder Nichtnutzung der Informationen bzw. durch die Nutzung fehlerhafter und/oder unvollständiger Informationen verursacht wurden, sind grundsätzlich ausgeschlossen. Rechts- und Schadenersatzansprüche sind daher ausgeschlossen. Dieses Werk wurde sorgfältig erarbeitet und niedergeschrieben. Der Autor übernimmt jedoch keinerlei Gewähr für die Aktualität, Vollständigkeit und Qualität der Informationen. Druckfehler und Falschinformationen können nicht vollständig ausgeschlossen werden. Es kann keine juristische Verantwortung sowie Haftung in irgendeiner Form für fehlerhafte Angaben vom Autor übernommen werden. Die bereitgestellten Analysen, Vorschläge, Ideen, Meinungen, Kommentare und Texte sind ausschließlich zur Information bestimmt und können ein individuelles Beratungsgespräch nicht ersetzen. Alle Informationen dieses Buches entsprechen dem Kenntnisstand zum Zeitpunkt des Verfassens dieses Buches. Eine Haftung für mittelbare und unmittelbare Folgen aus den Informationen dieses Buches ist somit ausgeschlossen.
Informieren Sie sich weitläufig aus unterschiedlichen Quellen und bedenken Sie, dass am Ende nur Sie für die Entscheidungen verantwortlich sind.

Haftung für externe Links:
Unser Angebot enthält Links zu externen Websites Dritter, auf deren Inhalte wir keinen Einfluss haben. Deshalb können wir für diese fremden Inhalte auch keine Gewähr übernehmen. Für die Inhalte der verlinkten Seiten ist stets der jeweilige Anbieter oder Betreiber der Seiten verantwortlich. Die verlinkten Seiten wurden zum Zeitpunkt der Verlinkung auf mögliche Rechtsverstöße überprüft. Rechtswidrige Inhalte waren zum Zeit-punkt der Verlinkung nicht erkennbar.